피어,

해양관광이 해양문화와 융합된 매력물

이 저서는 2018년 정부(교육부)의 재원으로 한국연구재단 대학인문역량강화사업(CORE)의 지원을 받아 수행된 저서임.

해 양 인 문 학 총 서

XVIII

피어,

해양관광이 해양문화와 융합된 매력물

양위주 지음

머리말

5대양과 6대륙. '지구는 이렇게 이루어져 있다'라고 이야기할 때 언급하는 단어이다. 대양과 대륙은 독립된 개체같이 분리되어있는 것처럼 인식되지만 명확히 서로 연결되어 있다. 선(線)을 경계로 서로의 공간은 나누어지며, 그 선을 해안선이라고 부른다. 해안가에 가면 그 해안선을 볼 수 있다. 해안가는 험난한 암반으로 된 절벽같은 곳에서, 또는 모래나 자갈로 된 해수욕장에서, 또는 항구나 포구, 어항 같은 인공구조물의 끝단에서 나타난다. 해안선은 바다와 육지가 만나는 자연환경의 상태로든 도시의 확장이나 간척사업 등 매립의 인공상태로든 존재한다.

여기에서는 그 해안선을 이루는 공간 가운데 해변에 관심을 가진다. 밀려들어오는 밀물과 밀려나가는 썰물에 의해 그 해안선의 변화를 가장 잘 관찰할 수 있는 장소이며 파도를 지닌 바다를 가장 잘 경험할 수 있는 곳이 해변이기 때문이다. 특히, 해변은 파도의 높낮이에 의해 해안선의 공간적 영역이 계속적으로 변화하는 것을 관찰할 수 있다. 이러한 역동성과 변화성의 상징인 해변에서 바다 방향으로 돌출되어 있는 인공구조물인 피어를 만날 수 있다. 가장 오래된 피어의 원형은 나룻터와 같은 형태로 작은 배가 포구나 어항을 출입할 때 수산물이나 짐의 하역을 지원했던 기능을 담당했을 것이다. 오늘날 피어는 연안의 워터프론트가 본격적으로 재개발되기 시작한 20세기에 접어들어 기존의 working pier(하역과 승선기능)에서 pleasure, fishing, promenade 등 다양한 관광매력물적 기능을 수행하는 복합공간으로 거듭나고 있다. 이용객과 방문객의 계층이 다양화되면서 피어는 육지의 문화와 해양의 문화가 만나는 접점으로서 새로운 해양문화가 융합되는 곳으로 정체성을 확보해가고 있다. 피어는 이제 대지에서 일상생활을 하는 인간이 바다를 경험하게 하는 새로운 비일상성의 공간으로 지역주민에게는 일상탈출의 레저공간으로 관광객에게는 즐거움을 제공해주는 관광매력물로 포지셔닝을 하고 있다.

본서는 피어의 이러한 변화를 인식하여, 21세기 해양관광매력물로 새롭게 포지셔닝하고 있는 피어에 대하여 세계각국의 다양한 피어를 찾아서 해양관광의 관점에서 분석 및 해석을 시도하였다. 이를 위해서 본서의 전반부에서는 매력과 관련된 이론적 소개를 담았다. 이는 피어를 올바로 이해하기 위해 해양중심의 사고가 필요하다는 인식하에서 생각의 변화를 담아내고자 하였다.

그러면 2018-2019년도 왜 피어를 연구대상으로 했을까? 왜? 피어는 영어단어의 한글화 산물이다. 우리말을 부여받지 못하고 외래어 표기법에 의하여 피어라고 부르며 사용하고 있다. 그러나 공교롭게도 이미 익숙한 외래어인 피어가 있다. Fear. 두려움이나 공포를 뜻하며, 일상에서 많이 사용하고 있다. 일반인에게 '피어'라는 단어를 사용하면 대부분 공포를 연상하는 영어단어를 떠올릴 것이다. 대부분의 인간은 바다에 대한 막연한 두려움을 지니고 있다. 지동설이 나오기 전

중세까지만 해도 바다는 육지에서 가장 멀리 떨어진 공간이었으며, 더 이상 도달할 수 없는 영역으로 인식되었다. 그래서 도시인에게는 바다 인근의 마을과 마을주민을 향하여서 막연한 심리적 불편함이 존재했으며, 그곳으로 '간다'는 것은 잘못된 행위나 행동의 결과로 인식된 적도 있었다. 우리나라 역사에서 유배지가 해안가가 주 대상지이었던 것으로 추정할 수 있다. 서양의 경우, 중세까지만 해도 성곽을 중심으로 도시가 발달했을 경우, 성곽의 외곽인 해안가에 거주한 사람들은 도시에서 삶의 공간을 확보하지 못한 사람들의 주된 공간이었다. 이는 해안마을을 벗어나거나 또는 탈출하여 도시로의 진입이나 이주, 이사를 하게되면 성공이었고 출세로 인식되기도 하였다. 바다라는 영역은 두려움의 상징성을 지닌 공간이었다.

그러나 인간탐험의 역사에서 중요한 역사적 전환점이 바다에서 시작되었음을 주목할 필요가 있다. 유럽의 해양강국이라 불리는 국가들의 역사가 이를 설명해준다. 해안의 항구가 이상향을 찾는 신대륙의 꿈을 찾는 출발점이었음을 기억해야 한다. 화물운송의 물류기능을 담당했던 선박이든 승객을 태우고 다른 항구로 출항을 했던 크루즈선이든 페리이든 그 시작은 항구이었고, 그 항구가 있는 곳이 항구도시였고 해항도시이었고 해양도시이었음을 주목하자. 그리고 그곳에는 피어가 있었다.

피어는 이제 막연한 두려움과 공포의 대상이었던 그 피어(fear)가 아니라 21세기 바다와 연해있는 해양국가와 해양도시들의 소중한 자원이요 미래로 인식되는 피어(pier)로 변화하고 있다. 피어는 해양에 대한 인식전환의 출발점이요 해양의 미래를 향한 도약점이 된다. 피어는 이제 바다와 육지가 융합되어 새로운 문화를 향유하고자 하는 인간의지의 표상이 되는 곳이다.

피어는 해양문화의 융합적 산물이다. 바다와 땅이 공유하는 공간이다. 피어는 그 시대와 그 지역의 수준과 특징이 표출되는 문화의 결정체이다. 피어는 해양건축학이나 해양토목공학의 기술수준을 보여주는 척도가 되며, 복합문화의 다양성을 보여주는 장소가 된다. 피어가 해양문화의 융합적 산물로 인식되는 것은 이러한 당대의 문화와 기술수준을 집약적으로 표현되어지는 공간이기 때문이다.

본서에서는 피어를 해양관광학적 관점에서 즉, 해양문화의 결정체로서 해양관광목적지나 해양관광매력물 기능을 수행하는 관광대상으로 인식한다. 다양한 해양문화콘텐츠들을 수용하여 관광객을 불러들이며, 해당 지역경제에 긍정적 효과를 미치는 해양관광산업적 관점의 경영대상으로 보고자 한다. 따라서 본서의 주요 관심 대상은 관광소비를 유발시키는 피어로서 제한하며, 이는 플레져 피어와 피싱피어가 본서의 연구대상임을 밝히는 이유가 된다. 최근 글로벌 해양국가에서 해양도시의 랜드마크로서 주목받는 피어를 관광 매력의 관점에서 본서가 집필되었음을 밝힌다.

하얀 빛바다 위 붉은 노을 아래 펼쳐진 피어 없는 세상속으로
대지 위에 피어난 피어에서 樂時代를 드리운다.

양 위주

목 차

제3장 피어, 해양관광의 매력으로 융합되다!

제4장 피어, 해양문화와 만나 매력으로 꽃 피우다!

제5장 독특한 피어를 찾다!

제1장
해양, 대지, 해양관광에 대한 생각

1. 생각의 전환, paradigm shift

1) 보다(SEE), 觀+光

'보다!'라는 단어는 '누가 보는가', '어떻게 보는가', '무엇을 보는가' 와 연관되어 어떠한 주체와 객체가 결합되느냐 따라서 의미가 다양 해진다. 관광은 문자적 의미에서 '보다'의 행위에서 시작하였다. 이 는 관광(觀光)이 지닌 단어의 한자 뜻에서도 알 수 있다: '빛을 본다'. 여기에서 빛(光)의 뜻은 일상권이나 자신이 거주하는 도시나 국가에 서 볼 수 없는 특별한 대상(문화나 문물)의 의미를 지녔다고 할 수 있다. 따라서 '보다'의 관(觀)자가 지닌 뜻은 거주하는 일상생활권에 서 볼 수 없거나 경험하기 어려운 특별한 무엇인가를 보러 또는 경 험하러 비일상권인 타국이나 타 문화권으로 '보러 간다'의 의미를 내포하고 있다고 할 수 있다.

따라서 관광을 경험한 사람은 그 문화권에서 '앞선자', '깨친자'로 서 인식되어 당대 소속된 지역사회나 도시에서 신망과 존중을 받는 대상으로 인정받았음을 의미하였다고 할 수 있다. 특히, 종교적 관점에서 종교성지의 방문경험[1]은 그 지역사회에서 존중(respect)의 대상으로 정신적 지도자의 상징성도 부과되었음을 알 수 있다.

여기에서는 '보다'라는 단어와 관련하여 '보는 방향에 대하여 중요성을 언급하면서 궁극적으로 보는 방향의 전환을 요구한다.

이를 통하여 눈여겨 보아야할 것이 어떤 것인지 그 대상에 대하여 관심을 가지길 권한다. 이는 그냥 또는 무심결에 봤던 것, 또는 지나쳤던 것, 보지못한 것들을 다시 그리고 새롭게 보는 계기를 제공할 것이다. 아울러 무엇을 보아야 할 것인가에 대한 것도 제시하고자 한다. 바다를 보는 방향에 대한 전환, 바다와 바다와 연관된 대상들을 어떻게 보아야할 것인지를 논의할 것이다. 특히, 본서에서는 피어를 그 대상으로 함을 밝힌다.

따라서 본서는 관점(viewpoint)의 변화를 위한 사고(thinking) 방법을 공유하고자 한다. 물론 관점은 시대적 사회적 상황에 따라 변화하기도 하며 때로는 변화해야만 한다. 바다가 과거에는 인류발전 과정에서 속(俗)된 공간으로 인식되어 두려움(fear)의 상징이었던 적도 있었다. 그러나 바닷가에 살던 해안마을 주민들에게 바다는 생존을 위한 생활공간이었다. 오늘날 바다는 새로운 부가가치를 지닌 산업현장으로 또는 해양레저의 공간으로 바뀌고 있다.

2) Direction, Dimension, 그리고 Dailiness

여기에서는 관광학적 관점에서 해양을 어떻게 볼 것인가로부터

---

1) 성지순례(메카)는 무슬림의 5대 의무에 해당됨

관광목적지와 관광매력물이라는 단어를 접목시켜 해양과 바다를 3D
의 관점에서 보고자 한다: Direction, Dimension, 그리고 Dailiness.

첫째, Direction. 방향을 뜻한다. 이는 관광의 문자적 의미와
같이 관광의 대상으로 바다를 바라보되, 육지에서 바다를 보는
것이 아니라 바다에서 육지를 보는 방향 전환을 의미한다. 육상
에서 크루즈를 보거나 크루즈가 있는 바다를 보는 것과 크루즈
선상에서 육지를 보거나 육지에 있는 다른 관광대상을 보는 차
이일 것이다. 해양관광에서 보는자가 어디에서 발을 디디고 보
느냐는 관광경험의 품질에 많은 영향을 미치게 된다. 경관
(landscape)적 관점에서 연구결과들을 통해서도 충분히 그 중요
성을 볼 수 있다.

둘째, Dimension. 차원을 뜻한다. 이는 지금까지 바다를 보는
시각이 단순히 눈앞에 펼쳐진 평면적인 대상에서 입체적 차원으
로의 전환을 요구한다. 해양은 3차원의 공간이요 영역임을 주목
해야 한다. 과거 해양관광은 해상에서의 제한된 활동에 국한되었
다. 그러나 21세기 과학기술과 ICT기술의 접목은 다양한 장비와
도구, 수용체의 발달로 이어졌고, 해양을 입체적인 공간으로 체
험하는 것도 가능하게 하였다.

미지영역으로 인식되었던 해저공간이 이제 '현명한 이용'을 위한
관광목적지로 부각되고 있으며, 심지어 해저도시 건설이라는 미래
청사진까지 속속 제시되고 있는 상황이다. 해양공간은 해상공간,
해중공간, 해저공간으로 구분되며 각기 목적과 용도에 따라 해양
관광의 경험은 다양해질 수 있다. 특히, 수중레저활동2)의 경우, 레

---

2) - 보통 체험 다이빙은 5m 수심(1.5기압 정도, 대략 10미터당 1기압 정도)에서 진행(참고로 항공기가
   국제선 기준 0.4기압까지 감압)되므로, 비행기를 타고 왔거나 반대로 다이빙한 날 비행기 탑승할 경

크레이션용 다이빙 가능 깊이(40m, 감압병 위험이 가능하더라도 은 50m)와 동시에 햇빛이 미치는 범위가 일반적 활동공간이 될 수 있다. 우리나라는 이와 관련하여 '수중레저활동의 안전 및 활성화 등에 관한 법률(약칭 : 수중레저법)'³⁾의 시행(2017.7.26.)으로 향후 해양관광의 수중활동에 대한 경험은 다양성과 더불어 깊이를 더할 것으로 사료된다. 특히, 수중레저활동구역으로 지정⁴⁾된다면 해양생물의 종다양성 등 수중레저경관의 확보로 인해 해양관광목적지로 브랜딩을 하는데 큰 도움이 될 것이며, 아울러 해양의 입체적이며 현명한 이용을 통한 지속가능성에도 기여할 것으로 생각된다.

셋째, Dailiness. 일상성과 일상권을 뜻한다. 관광의 개념을 정

우, 평소 귀가 약하면 건강에 위험신호가 올 수 있어 금하고 있음.
- 5미터 수심 : 다이브 마스터가 가이드 해주고, 장비 점검만 제대로 되었으면 별 무리 없이 즐길 수 있을 레벨
- 18~20미터 수심 : 오픈워터 라이센스가 요구되는 수준. 시야가 확보된 열대 바다에서는 적당히 푸른색으로 바닥이 살짝 보이는 수준(대략 환산하면 3기압)
  급격한 상승/하강만 하지 않는다면(대략 하강 상승을 각 2분, 3분+-알파 정도 생각) 크게 무리가 없을 정도. 다이브 마스터의 안내에 따른 레크리에이션 다이빙 수준.
- 40미터 수심 : 어드밴스드 라이센스로 교육필수. 실제 레크리에이션 다이빙의 최고수준.
  햇볕이 제대로 들어 오지 않기 때문에 시야가 좋은 바다에서도 수면에서 볼때 아주 짙은 어두운 청색이 정도 깊이는 열대 바다에서도 물이 차게 느껴짐. 보통 2-3분간만 40m에서 체류 가능하며, 해당 수심에서 기압은 5기압.
  (교육과정 미이수시 심한 두통유발, 현관, 뇌 등에 질소 거품이 생겨서 잠수병 발생). 가이드라인을 준수(2분30초 하강/ 2분 40m 유지/ 4분 상승/ 3분 감압(5m)/ 30초 상승)하면, 감압시 귀에서 뿌골거리는 소리가 들리고(감압으로 인한 공기 거품) 제법 귀에 통증
  (자료출처 : http://blog.jioh.net/544).
3) 수중레저활동의 안전 및 활성화 등에 관한 법률은 법률 제14839호, 2017.7.26., 타법개정된 것으로 해양수산부 해양레저관광과가 주무부처가 된다. 본 법률의 목적은 제1조에 의거한 바 "수중레저활동의 안전과 질서를 확보하고 수중레저활동의 활성화 및 수중레저사업의 건전한 발전을 도모함을 목적으로 한다"로 되어있다.
4) 수중레저활동의 안전 및 활성화 등에 관한 법률 시행규칙 제4조(수중레저활동구역의 표시)
  ① 법 제9조제1항에서 "해양수산부령으로 정하는 표시"란 국제표준에 따른 국제신호기(國際信號旗) 등 형상물 또는 수면표시부표를 말한다. 이 경우 해진 후 30분부터 해뜨기 전 30분까지의 수중레저활동(이하 "야간 수중레저활동"이라 한다)을 위하여 수중레저활동구역을 표시하려는 경우에는 육안(肉眼)으로 식별할 수 있도록 발광(發光) 기능을 갖추어야 한다.
  ② 제1항에 따른 표시는 수중레저활동구역을 식별할 수 있도록 해당 구역의 경계에 설치하여야 한다.

의하는데 있어 현대적 의미로 중요한 2개의 키워드를 제시하면 관광의 목적에 해당되는 즐거움(pleasure)과 관광활동의 공간인 비일상생활권(non-ordianary zone)일 것이다. 20세기까지 "비일상권으로의 이동"과 "즐거움, pleasure추구"라는 2개의 키워드 만으로 충분히 관광의 개념은 설명되어졌다. 그러나 21세기 제4차산업혁명의 도래와 더불어 ICBT기술의 접목으로 일상권과 비일상권의 경계가 모호하게 되었으며, 관광경험의 목적이 되는 즐거움의 개념조차 다르게 받아들여진다. 따라서 일상권에서의 비일상성의 경험, 비일상권에서의 비일상성의 경험, 비일상권에서의 일상성의 경험이 가능하기 때문에 관광목적지에서의 관광활동의 개념은 새로운 해석들이 요구된다. 관광목적지의 개념도 이동의 관점이 아닌 일상권에서 관광목적지로의 공간이동이 가능하게 되었다. 이미 드론관광, VR(가상현실)이 일상에서 사용되고 있다. 일상권의 관점에서 해양이 지닌 공간적 의미도 도시의 확장과 교통수단의 발달로 인해 더 이상 비일상성의 공간은 아니다. 그럼에도 불구하고 관광활동이 대부분 육지에서 진행되는 현실을 고려할 때, 해양공간과 해양관광경험을 비일상성으로 이해하고자 한다.

일상성은 심리적 안정을 유지하고 싶어하는 인간의 본성이다. 일상성은 반복되는 시간과 변화없는 공간에서의 생활이라는 기본적 가정이 전제될 때 안정성으로 연결된다. 육지의 공간은 심리적 관점에서 이러한 안정성이 담보된 영역이다. 반면 해양은 상대적으로 불안정성을 지닌 영역으로 다가오며, 안정성을 추구하는 인간의 기본적 욕구에서 이러한 불안정성은 '스트레스'로 작용하게 된다.

비일상성은 이러한 인간의 심리적 기작에서 나타나는 용어가 된다. 관광은 이러한 스트레스적 상황을 찾아서 떠나는 즉 이동하는 인간의 또 다른 본능적 욕구라고 할 수 있다. 이러한 인간욕구에 대한 자극이 관광동기로 연결될 때, 불안정성을 지닌 비일상성은 새로운 즐거움의 추구로 연결된다. 관광은 이러한 비일상성을 만날 수 있는 비일상권으로의 육체적 이동(physical movement)이 전제가 된다. 비일상권인 관광목적지에서 행해지는 인간의 활동이나 행동은 일상권에서 일어나는 것과 큰 차이는 없을 수도 있지만 단지 비일상권이라는 공간적 영역에서 경험하기 때문에 것, 익숙하지 않거나 새롭게 느껴지고 인식되는 자연 및 인문환경 그리고 시민과의 상호작용에서 일어나는 모든 것이 관광활동으로 경험하게 된다. 비일상성을 추구하는 것은 '다름(difference)'을 경험하고 싶어하는 인간의 본능이라고 할 수 있다.

해양관광은 다른 어떤 것보다 해양이라는 공간적 영역에서 즐거움의 추구라는 비일상성을 경험하는 인간의 행동을 기본전제로 한다. 그것은 바다라는 '수역' 즉, 물의 공간이 지닌 심리적 불안정성의 상징성과 더불어 육지와의 공간적 경계가 주는 경계성도 함께 지니고 있기 때문에 해양은 '다른' 관광목적지로 존재한다.

바다는 단순히 보는 것과 바다에 들어가서 온몸으로 체험하는 것에는 분명한 차이가 있다. 일단 바다 속으로 들어가면 그 다름을 분명히 경험할 수 있다. 바다 속 수중으로 들어가면 인간의 일상성과 비일상성을 가장 확실하게 느낄 수 있게 해준다. 기압과 산소양, 두 단어의 의미가 실감나게 떠오를 것이다.

일상성이 유지되는 공간에는 공기 중 산소로 인해 인간이 호흡함을 의식하지 않는다. 자연스럽게 기본적인 활동에 참여하며 단지 격

한 운동이나 순간적으로 엄청난 가속도를 내는 일을 하게 될 경우를
제외하고는 산소의 존재를 느끼지 못한다.

반면, 물속에서는 산소공급의 유무와 양에 따라 물속에서 머물 수
있는 시간자체가 제한되기 때문에 입수하는 순간부터 산소의 존재
와 양의 정도는 생명과 직결되는 만큼 매 순간 그 존재의 소중함을
알게된다. 이러한 체험은 바다의 비일상성을 경험하게 하는 가장 좋
은 예가 된다. 바다의 깊이를 알려주는 기압과 빛의 양은 해저를 더
깊이 내려갈수록 온몸으로 느끼게 된다. 바다가 주는 또 다른 비일
상성이다.

해양관광은 해양도시가 접한 해양을 비일상권의 영역으로 인식하
며 그곳이 목적지가 되어 방문하는 관광객의 관점에서 즐거움을 추
구하는 영역에 해당된다. 바다 그 자체가 현대인에게는 비일상권이
며, 바다와 관련된 활동이 바로 비일상성의 체험과 경험이다.

3) 하다(DO), 觀+光

과거 관광의 트렌드는 보는 것 중심이었다. Sightsee라는 단어가
관광으로 대체되기도 한 이유이다. 21세기 관광행태에 변화가 일어
나고 있다. 단체관광객에서 개별관광객(FIT) 중심의 관광패턴이 세
계관광시장의 중요한 추세가 되면서, 관광목적지에서 관광객의 활동
도 다양하게 변화하고 있으며, 새로운 것을 경험(novelty-seeking)하
는 양상도 바뀌고 있는 것이다. 관광목적지에서 '다른 사람과 함께
경험' 하는 추세에서 '나만의 독특한 경험'을 원하고, 개별적 경험결
과를 다른 사람과 공유하는 것을 선호하고 있다. 이러한 변화는 시
각적 체험(visual experience)에서 오감이 참여하는 총체적 관광

(hollistic experience)으로 바뀌고 것에서도 볼 수 있다. 특히, ICT와 관광상품과의 결합은 이러한 것을 더욱 가속화시키고 있다고 할 수 있다. 2000년대 초반 유행했던 To Do List (Before I Die)와 버켓리스트(Bucket List).[5] 이들의 공통점은 죽기 전에 해보고 싶은 것을 정리하여 그곳을 방문하고 경험하는 것이었다. 이는 다양한 형태로 관광시장의 새로운 촉매제가 되었고 전 세계관광목적지는 대부분 또한 관광지역홍보에 이러한 개념을 이식하여 상품으로 개발하기도 하였다. 그러나 최근에는 나만의 특별한 추억과 기억을 지닌 장소가 관광목적지로 인식되면서 있다. SNS를 통한 공유로 다양한 장소가 관광목적지로 거듭나고 있다.

바다는 과거 해양생물만의 공간이었다. 최근 지속가능성이 인류의 중요한 테마로 부각되면서 바다는 공존을 위한 인간-자연의 공유의 공간으로 인식되고 있다. 본서에서는 지속가능성을 전제로 그 바다를 비일상성의 영역적 관점에서 해양관광목적지로 바라보고자 한다.

2. 해양과 대지

'바다를 본다'라는 단어를 접할 때, 흔히 떠올리는 장면은 '바다를 향(向)하여 보는 모습'일 것이다. 대지인 육지에 두 발을 디디고 머리를 들어 바다를 보는 자세를 취하는 것이리라. 따라서 '바다를 본다'는 말은 기본적으로 육지에서 바다를 향하여 보는 모습이 자연스

---

5) 'Kick the Bucket'이란 숙어로, 목을 매고 자살할 때 양동이 위에 올라가서 목을 밧줄(노끈)에 걸고 양동이를 발로 차서 죽는 것에서 유래. 우리나라에서는 어느 순간 열풍처럼 버킷 리스트라는 단어가 사용되었으며, 신간서적이 이나 방송 등 미디어에서 다양하게 사용되었음(자료출처 : namu.wiki)

럽게 연상되는 이미지가 될 것이다. 이러한 장면이 먼저 연상되는 가장 큰 이유는 인간의 일상생활 대부분 육지에 기반을 둔 활동이 중심이 되기 때문일 것이다. 바다인 해양과 관련된 활동은 일상공간에서 보내는 시간 가운데 특별한 시간을 할애하거나 공간적으로 일상권에서 벗어나야 접할 수 있는 장소라는 의미가 뇌리에 깊숙이 자리잡고 있기 때문일 것이다.

인류의 4대 문명[6]이 강(river)에서 그 기원이 시작되었다는 것을 전제로 강물이 흘러 바다로 모여들어 합류되는 자연현상을 떠올릴 때 바다를 비일상권의 공간으로 인식하는 것은 다소 의외라고 여겨질 수도 있다. 즉, 강과 해양을 명확히 구분되는 지구의 다른 구성체로서 인식하고 있다는 반증이 된다. 물과 물이 합(合)하여진다는 대명제가 있지만 여전히 강과 바다는 서로 구분되고 분리된 수체(water body)로 인식되고 있기 때문이다. 이로 인해 강은 인간의 일상생활과 가까운 대상으로 여겨지지만 반대로 바다는 인간의 일상생활과 분리된 대상으로 받아들여지고 있다.

공간성의 관점에서 볼 때 강(江)은 인간의 정주공간인 마을이나 도시를 통과하거나 경유하는 대상으로 일상권의 영역성(territoriality)을 확보하고 있다. 반면 바다(海)는 정주공간의 끝(fringe) 부분에 위치해 있거나 정주공간에서 멀리 떨어진 곳에 위치한 장소를 차지하는 대상으로 인식하는 것이 장소의 관점에서 비일상성을 바다에 부여하는 원인이 될 수도 있을 것이다.

---

6) 세계 4대 문명은 B.C. 4000 - B.C. 3000년경 큰 강 유역에서 발달한 최초의 인류 문명 발생지들을 일컬음. 아프리카 대륙의 경우, 나일강변의 이집트 문명, 중동지역의 티그리스·유프라테스강 유역의 메소포타미아 문명, 인도의 인더스강 유역의 인더스 문명, 중국 황허 유역의 황허 문명을 들 수가 있음. 이들 지역은 큰 강의 유역으로, 교통이 편리하고, 관개 농업에 유리한 물이 풍부하며, 공통적으로 청동기, 문자, 도시 국가라는 특징을 지니고 있음. (자료출처: ko.wikipedia.org)

또한 상징성의 관점에서 강은 선(線)을 의미하는 반면, 바다는 면(面)적인 대상으로 인식된다. 강은 인간이 정주하는 공간인 도시나 마을을 통과하며 인간과 유기적인 관계를 맺으면서 친숙한 통과형(通過型) 대상으로 때로는 간섭형(干涉型) 대상으로 인식되고 있다. 반면 바다는 흐르는 물의 끝점인 종착형(終着型) 의미로 인식되며, 물과 함께 흘러온 모든 것을 담아내거나 품어내는 그릇을 상징하게 된다.

계획적(planning) 관점에서 장소가 공간적 시간적 범위를 지닌 물리적 대상으로 디자인 될 때 계획대상들은 점(point) - 선(line) - 면(area)의 공간적 위계질서(hiearchy)를 부여받게 된다. 점과 점을 연결하는 선은 일반적으로 도로나 보도, 길(trail)로 나타난다. 최근 신도시나 도심을 개발할 때 강이나 수로(channel)을 개발하여 선을 강조하며, 선의 도입을 통하여 장소에 활기와 생명을 불어넣는다. 특히 해안도시와 접한 친수공간을 개발할 때, 이러한 선은 대부분 바다인 면과 연결을 시켜 인간의 친수성 제고가 중요한 디자인 원칙으로 반영된다.

사회학적 관점에서 중심-주변 이론을 적용해볼 때, 바다는 중심에서 벗어난 주변(fringe) 공간으로 인식되어져 왔다. 종교학자 엘리아데(Eliade)의 성과 속(the sacred and the profane)의 이론에서 처럼, 해양 즉 바닷가 마을이 정주공간인 도시나 성(城)으로부터 떨어져 있는 속(俗)된 공간으로 인식된 것과 동일하다.

자연과학적 관점에서 천동설과 지동설이 주장되었던 서구 사회에서도 바다, 저 먼 바다로 끝까지 가면 결국 떨어진(fallen)된다는 두려움이 민간에서 유전되었음도 바다를 비일상권으로 인식된 것은 오래된 인간역사에서 비롯되었음은 부정할 수 없는 현상이다.

인류역사에서 바다에 가치(value)가 부가된 것은 수산업의 관점에서 어류 수확과 채집을 위한 대상으로 인식된 것이 처음일 것이다. 이후에 다른 지역으로 또는 먼 지역으로 이동을 위한 배가 만들어지면서 또한 그 배가 커져 선박으로 발전되면서, 바다는 육상과 다른 새로운 이동경로로 그리고 무역항로로 발전되면서 바다의 가치는 재인식되었다. 바다는 비행기가 발명되기 전까지 해양강국들이 해로를 개척하면서 국력의 확장시키는 중요한 영역으로 인식되면서 각 국가들은 강력한 해군을 기반으로 국외 새로운 영토개척을 위한 중요한 대상이 되기도 하였다. 대항해시대 바다는 대형선단을 보유한 해양강국의 각축전장이 되기도 하였다. 이후 산업혁명 과정을 거치면서 석유의 발굴과 자원화로 바다의 중요성은 갈수록 커지며 그 가치는 갈수록 증폭되고 있다.

20세기에 들어와서, 국가적 관점에서 영역의 개념으로 바다가 새롭게 부각되면서 해양의 가치는 인류역사에서 유래를 찾아보기 어려울 만큼 중요해지고 있다.

21세기. 바다는 인류의 미래를 책임질 공간이요, 새로운 도시건설의 장으로 새롭게 주목을 받고 있다. 21세기 새로운 번영과 생존의 Keyword, 해양, 해양역사개척의 역사를 이끄는 국가와 민족이 미래를 주도한다는 학자들의 예측에 주목해야 한다.[7] 해양은 인류의 미래를 책임질 영역으로 급부상하고 있으며, 신해양산업 개척을 통하여 미래 바다의 신성장동력창출을 창출해야한다.

한편, 바다는 국가간 해양경제영역 확보, 국가안보 측면에서 치열

---

7) Paul Kennedy는 1993년 그의 저서 "*Preparing for the Twenty-first Century*)"에서 20세기와 21세기를 3M으로 규정하면서 21세기는 Missionary, Military, Merchant의 시대인 반면, 21세기는 Multi-capital, Mass media, Marines으로 특정지어진다고 하였다. 해양의 중요성을 더 많은 관심을 가져야할 이유이다.

한 해양 각축전의 전개, 공해상에서 자원개발과 어업권을 두고서 무력충돌 등 새로운 분쟁과 갈등이 표출되는 영역으로 부상하고 있다. 1970년대의 Oil Shock가 일단락되면서 해양개발의 관심이 深海에서 연안역으로 이동하면서, 세계 각국은 자국의 해양도시가 급속한 산업화로 연안지역의 피폐화와 urban sprawl 현상으로 도심의 waterfront 재개발과 연안역(coastal area)에 관심을 보였다. 본격적으로 해양은 관광과 융합되기 시작하면서 도시민 뿐만 아니라 방문객의 관광목적지로 거듭나고 있다.

우리는 해양의 가능성과 잠재력, 경쟁력을 다시 보아야 한다. 해양, 그 넓음과 그 깊음에 대해 해양관광의 시각에서 보게 되길 원한다. 본서가 해양관광에 대한 생각, 그 방향과 그 깊이와 그 넓음을 경험하는 안내자가 되길 되길 바란다.

해양관광의 첫 출발점은 이러한 바다를 바라보는 관찰점(viewpoint of observation)의 이동으로 시작된다. 즉, 바다를 바라보는 시선의 방향을 바꾸는 것으로 출발한다. 지금까지 주 시선의 방향이 육지에서 바다쪽으로 바라보았다면, 이제는 방향을 바꾸어 육지에서 바다를 바라보는 시선, 그 시선의 방향을 전환하는 것이 된다. 여기에서 언급한 것은 기존의 시선방향이 잘못되었으니 이제 올바른 새로운 시선만 인정하자는 그런 의미가 아니다. 두 시선의 방향 모두를 인정하는 쪽으로 즉, 포함(inclusion)의 의미이요, 두 시선 모두 긍정적(positive)으로 바라보자는 의미로 해석되길 바란다.

3. 해양관광, 국가해양력의 지표가 되다!

Alfred Mahan은 1890년 간행된 그의 저서 'The Influence of Sea Power upon History 1660-1783'에서 해양경쟁력이 국가의 해양력이 됨을 제시하고 있다. 특히, 해양력은 무역과 평화적인 상업행위를 촉진시키는데 필요하며, 해양력을 소유한 국가가 바다를 지배한다고 하여, 현대화된 강력한 해군을 보유하면 세계강대국이 된다고 주장하였다. 이는 미국의 국가전략으로 채택되어 미국이 수에즈(Suez)와 파나마(Panama) 운하에 대한 지배권을 확보하는데 영향을 미치었다. 혹자는 20세기 초 국가간 해군 군비경쟁을 정당화시키는데 그의 개념이 사용되어 제1차 세계대전의 단초를 제공한 원인으로 지목하기도 한다. 그러나 Mahan이 제안한 '해양력(sea power)'의 중요성은 해양에 대한 지배(control)와 이용(use)에 있다. 이러한 관점에서 특히, 이용의 관점에서 해양수산부는 2006년 ADL[8]), 2017년 KMI에 의뢰하여 국가해양력에 관한 프로젝트를 의뢰하여 우리나라의 국가해양력을 평가한 보고서를 제출하였다. 두 보고서에서 주목할 점은 국가해양력의 중요한 속성에 '해양문화관광'이 포함된 것이다. 우리가 해양관광에 더 많은 국가적 관심을 쏟아야할 이유가 여기에 있다.

KMI(2017)결과는 평가지표 선정기준과 관련하여 대표성(해당분

---

8) **ADL** [*Arthur D. Little, Inc.*]
- 세계 최초로 세워진 컨설팅 업체로 미국에 본부를 둔 다국적 기업
전 세계 30개 국가에 35개의 지사, 3,000여명의 임직원을 보유하며 세계 기술 특허를 450여 개 소유
- 주로 각국 정부 기관 및 <Fortune>지 선정 '100대 기업'에 컨설팅 서비스를 제공하며, 비즈니스 전략 수립, 경영 리서치 대행하며, 상당 기간 화학공학과 SI(시스템 통합)을 사업 부문으로 두었으며, 나스닥 증권거래시스템 등의 개발에 중요한 역할을 수행
- MIT 대학 화학공학과 교수로서 아세테이트를 처음 발견한 아서 디 리틀
- 1886년 동료 로저 그리핀(Roger B. Griffin)과 ADL의 전신인 리틀 & 그리핀(Little & Griffin)창립 (자료출처 : www.wikipedia.org)

야를 대표하는 지표), 독립성(분야별로 독립적인 지표), 비교가능성
(국가별, 연도별 비교 가능한 지표), 정책적 연관성(해당분야 국내정
책과 관련성이 높은 지표), 트랜드(기술혁신, 융복합등 미래지향적
지표), 자료의 가용성(자료 획득 및 생산이 용이한 지표) 등 6가지
기준을 제시하였다.

　해양관광과 관련된 평가지표로는 6개 지표가 반영되었다: 인구대
비 레저선박 보유 규모(명/척), 크루즈관광객 규모(명), 레저선박 제
조업체(수), 마리나 항만(수), 유네스코 자연유산 등록(수), 람사협약
연안습지 등록(수). 평가대상국 선정과 관련하여 기존의 평가대상국
(2006년 ADL의 평가대상국)과 앞서 선정된 평가지표의 통계자료
확보 가능성 고려하여 검토하였다. 세계관광기구(UNWTO)는 모든
국가의 관광객 통계를 확보하고 있으나 세계크루즈협회(CLIA, 약
30개국)와 세계해양산업협회(ICOMIA, 22개국)는 가입 회원국의 통
계만을 구축하고 있으므로 이들 국가를 1차 평가 대상국으로 선정
하였다. 유네스코 세계자연유산, 람사르 협약 등록습지는 전세계 모
든 국가를 대상으로 하고 있으나 평가자료의 일관성을 고려하여 6
개 지표를 모두 확보가능한 국가를 최종 평가대상으로 선정하였다.
평가대상국은 총 21개국으로, 한국, 중국, 일본, 호주, 영국, 프랑스,
독일, 스웨덴, 네덜란드, 노르웨이, 핀란드, 그리스, 이태리, 아일랜
드, 폴란드, 스페인, 터키, 미국, 캐나다, 브라질, 아르헨티나이었다.
평가결과 한국은 전체 평가대상 국가 21개 국가중 20위로 나타났다.

국가	레저선박 보유규모		크루즈관광객 규모		레저선박 제조업체		마리나항만		자연유산		연안습지	
	명/척	순위	명	순위	개	순위	개	순위	개	순위	개	순위
한국	3,883	20	1,182,000	13	22	21	32	19	1	9	10	14
중국	85,256	21	1,807,000	10	1,420	9	92	17	0	17	15	11
일본	390	16	1,407,000	12	32	20	570	8	3	4	19	8
호주	25	6	1,058,781	14	2,090	7	450	12	5	1	24	6
영국	117	9	2,806,000	6	4,400	4	565	9	5	1	69	1
프랑스	125	10	3,005,000	5	6,630	2	370	14	3	4	28	4
독일	160	12	2,145,000	9	3,560	6	2,700	2	1	9	6	15
스웨덴	11	4	604,900	15	82	19	1,500	4	1	9	17	9
네덜란드	33	7	106,000	20	4,200	5	1,160	6	1	9	33	3
노르웨이	6	1	2,717,000	8	349	11	969	7	1	9	43	2
핀란드	7	2	449,500	17	227	14	1,770	3	1	9	14	12
그리스	67	8	4,176,500	4	1,150	10	22	21	0	17	6	15
이태리	132	11	7,610,000	2	266	13	432	13	1	9	28	4
아일랜드	170	13	232,000	19	102	18	24	20	0	17	21	7
폴란드	558	17	82,700	21	150	17	1,300	5	0	17	1	21
스페인	253	15	6,392,000	3	304	12	360	15	3	4	2	20
터키	897	18	1,790,000	11	1,550	8	67	18	0	17	5	18
미국	24	5	11,210,000	1	29,370	1	11,000	1	5	1	14	12
캐나다	8	3	2,800,000	7	4,465	3	485	11	2	7	17	9
브라질	3,436	19	596,532	16	193	15	556	10	2	7	6	15
아르헨티나	223	14	331,000	18	160	16	253	16	1	9	4	19

<그림 1> 해양문화관광 평가결과

제 2 장

매력, 해양관광이 만나다!

1. 매력, 환경심리학적 접근, Push-pull factor

1) 매력, 환경심리학적 이해

Higgins(1912)[9]는 인간행동의 동기(motivation), 인지(cognition), 의사결정(decision making), 사회적 인지(social cognition)등의 연구를 통해 인간의 동기를 접근과 회피 두가지 차원으로 구분하였다. 접근 동기는 좋은 것을 얻기 위해 대상이나 목표에 근접하거나 달성하기 위해 긍정적인 성과를 하려는 것인 반면, 회피 동기는 좋지 않는 대상이나 목표로 부터 벗어나거나 회피하기 위한 성과를 위해 일하는 것으로 보고 있다.

이러한 상반된 동기가 충돌하는 상황을 갈등의 관점에서 인간행동에 적용한 것은 Miller(1947)[10]의 쥐에 대한 실험(먹이와 전기충

---

9) Higgins, E. T.(2012). Beyond pleasure and pain: How motivation works. New York, NY: Oxford University Press.

10) Miller, Neal E.(1947). Psychological research on pilot training. Aviation psychology program research reports. 8. Washington, DC: U.S. Government Printing Office.

격장치 이용)을 통해 처음으로 제기되었다. 실험결과, 음식에 접근하고자 하는 동기와 전기충격을 회피하고 싶은 동기 사이의 갈등을 접근-회피 갈등(approach-avoidance conflicts)로 명명하였다.

환경심리적 접근이론의 관점에서 고전적으로 언급되는 Mehrabian and Russell(1974)[11]의 연구는 환경의 특성(S)이 접근-회피 행동(R)과 관계가 있으며, 환경에 의해 유발된 개인(O)의 감정상태(PAD)가 매개되는 자극-유기체-반응(S-OR)메커니즘을 제시하고 있다. Donovan et al.(1994)[12]의 연구에서는 유쾌한 환경에서는 즐거움 감정이 충동적 지출을 증가시키는 반면, 불쾌한 환경에서는 환기감정이 충동적 지출을 감소시키는 것으로 나타나 감정과 행동의 관계를 예측하는데 환경(자극)의 중요성을 논의했다.

Iso-Ahola(1990)[13]는 이러한 접근-회피 동기를 관광분야에 적용하여 사람들은 왜 여행을 가는가에 대한 질문에 대한 해답을 제시하였다. 즉, 인간은 무엇인가를 얻고 무엇인가를 하고싶은 '접근 동기'가 있지만 한편으로 무엇인가를 하지 않고 무엇인가를 피하려고 하는 '회피동기'에 따라 행동한다는 것이다. 관광목적지 선택의 과정은 접근 동기가 상대적으로 회피동기 보다 우위적 동기의 발현으로 이해할 수 있다.

한편 이러한 접근 동기로 인해 관광객은 관광목적지 도착 이후, 관광목적지의 물리적 환경과 구성요소들은 방문한 관광객에게 개별

---

11) Mehrabian, A., & Russell, J. A.(1974). An approach to environmental psychology. Cambridge, MA: MIT Press.

12) Donovan, R. J., Rossiter, J. R., Marcoolyn, G., & Nesdale, A.(1994). Store atmosphere and purchasing behavior. Journal of Retailing, 70(3), 283−294.

13) Iso-Ahola, S. E.(1990). Motivation for leisure. In E. L. Jackson & T. L. Burton (Eds.), Understanding leisure and recreation: Mapping the past, charting the future (pp. 247-279). State College, PA: Venture

적으로 인식되는 것이 아니라 전체적인 환경으로 인식되며, 관광객 관광활동에 내적 반응을 유발시키게 된다. 내적 반응 이후 유발되어 표현되는 행동특성이 접근과 회피 행동으로 다시 나타난다. 관광목적지에 적용시켜 볼 때, 접근행동은 물리적 환경에서 긍정적인 행동을 지칭하는 반면, 회피 행동은 부정적인 행동을 말한다. 회피행동은 관광매력물 체험에 대한 회피로 이어지며 이는 관광목적지내 소비로 이어지지 않을 뿐만 아니라 체류시간 감소로 이어지기 때문에 관광목적지의 이미지 악화와 지역경제 영향에 부정적 요인이 된다.

따라서 관광목적지 개발계획 수립 또는 디자인을 할 때 이러한 부정적 감정을 유발시키는 회피 동기와 회피 행동과 관련된 요소들을 배제하거나 최소화 시키되 긍정적 요소인 접근동기와 행동과 관련된 요소들을 적절히 배치하여 관광객의 만족도를 극대화시키도록 세심한 배려가 필요하다. 이러한 긍정적인 접근동기를 유발시키는 대상이 매력물인 것이다. 관광목적지는 이러한 매력물이 관광동기를 유발시켜, 비일상권인 관광목적지로 이동을 결정하는데 영향을 미치게 된다. 따라서 관광대상의 지녀야 할 가치, 즉, 매력의 유무와 정도가 관광목적지 전체의 경쟁력 제고와 관광만족의 극대화에 기여함을 인식해야 한다.

2) 매력, Push-pull factor

관광동기는 관광객의 행동을 이해할 때 주요 요인으로 고려되어 지지만 복잡한 심리적 현상이다(Eagles, 1992[14]; Fodness, 1994[15]).

14) Eagles, P.F.(1992). The travel motivations of Canadian ecotourists. Journal of Travel Research 31(2), 3-7

15) Fodness, D.(1994). Measuring tourist motivation. Annals of Tourism Research, 21(3), 551-581

관광객의 관광목적지 방문에 대한 관광동기는 많은 연구가 관광동기의 두 가지 측면, 내재된 내적동기와 특정 관광목적지와 연관된 외적동기 차원에서 함께 연구해야 한다고 주장하였다(Dann, 1977, 1981; Crompton, 1977). 관광동기가 인간의 욕구, 즉 관광객의 심리에 내재된 해있는 push factor에서 비롯되지만 관광목적지 및 관광활동과 연관된 pull factor를 강조함으로써 관광동기를 다차원적인 개념으로 이해하려고 하였다. Hudson & Hawkins(1989)[16]는 관광동기를 push-pull factor로 인식하여 개념적 접근을 시도하여 특정 관광목적지를 방문하는 관광객의 행동연구에 적용하였다. 관광객과 관련된 push factor, 관광목적지와 연관된 pull factor의 상호작용관계 중앙에 '매력'이 존재한다.

비일상권으로의 이동과 연관된 관광심리 및 행태분야 연구에서 관광동기를 파악하기 위한 연구들 중에는 관광객 자신의 내적 동인에 의해 추진(push)되며 관광목적지 속성에 의해 이끌림을 받는다(pull)는 동기의 양측면적 접근법이 자주 이용되었다.[17]

push 요인은 관광객 내면의 심리상태와 관련된 것으로 관광욕구를 자극하여 관광행동을 일으키게 하는 내재적 관광동기에 해당된다. 따라서 push factor는 일상권의 잠재관광객으로 하여금 일상권의 환경에 의해 관광욕구를 유발시키는 사회환경이나 관광객의 내적 심리적 요인과 관련된다. Push factor는 관광객이 어떤 의지로 자신이 선택한 비일상권의 관광목적지로 떠나는가에 대한 이유를 말해주는 것이기

---

16) Hudson L. E. & Hawkins D. E.(1989). Tourism in contemporary Society : An Introductory Text. Prentice Hall, 37-49

17) Dann G. M. S.(1977). Anomie, ego-enhancement and tourism, Annals of Tourism Research, 4(4) 184-194 Crompton, J. L.(1979). Motivation for pleasure vacation, Annals of Tourism Research, 6(4), 408-424 Yuan, S. & Mcdonald, C.(1990). Motivation determinate of international pleasure time, Journal of Travel Research, 29(1), 42-44

때문에 사람의 개인적인 특성에 따라 다르게 나타날 수 있다. 또한 개인이 처한 여건과 상황에 따라 그리고 시간변화에 따라 매우 다르게 나타날 것이다.

Push factor에 대한 분류는 매우 다양하며, push factor로는 일상권으로부터의 탈출과 관련된 동기로 휴식·휴양, 명성, 건강, 모험과 사교와 같은 내재적 동기가 해당된다. 또한 자존감 향상, 자아존중, 지식추구, 사회화와 같은 개인적 의지와 관련된 내용으로부터 일상탈피, 명예, 헬쓰 및 미용, 교류, 가족관계 강화 등으로 설명되는 경우도 있다.

Pull factor는 일상권의 잠재관광객을 비일상권의 관광목적지로 끌어들이는 속성으로 관광목적지에 존재하는 대상들과 관련된 것으로 관광객의 행동을 유발하는 외재적 영향력이다. 따라서 관광목적지의 특성에 따라 기능 및 분류는 달라 질 수 있다. Pull factor는 잠재관광객에게 특정 관광목적지나 관광대상을 선택하도록 이끄는 요인으로 대안 관광목적지나 대안 관광대상 보다 다르거나 높은 관광매력성을 지니고 있어야 한다. 관광대상으로 물리적 자원 등 유형적 자원에서 춤, 음식 등 무형적 자원에 이르는 것으로 일상권의 잠재관광객을 비일상권인 관광목적지로 끌어들이는 유인성을 제공하는 동기가 된다.

따라서 pull factor는 관광목적지에서 편익을 발생시키며, 관광마케팅의 대상이 되며, 그 결과 관광목적지의 이미지 형성 등 관광객의 인지와 기대, 재방문에 영향력을 미치게 된다. 그러므로 push-pull factor의 기저를 이루는 것은 매력성의 유무와 정도에 의해 설명된다.

관광객은 자신의 내적인 힘에 의해 추진되고, 관광목적지의 속성이라는 외적인 힘에 의해 유인 되어 (attracted)관광을 한다고 하였다

(Cha, McCleary, & Uysal, 1995).[18] Push-pull factor 이론은 관광동기를 설명하는 이론으로 관광객의 내적 요인과 관광목적지의 외적 요인에 초점을 맞추어 매력의 관점에서 이론을 발전시켜 왔다. Dann(1981)[19]은 관광목적지의 매력에서 오는 pull요인들과 관광객의 일상권 환경에서 관광욕구를 유발시키는 push요인들과의 상호작용에 의해서 관광동기가 발생된다고 하였다. 그는 관광목적지에 고유한 유인성인 pull factor에 의해 특정 관광목적지를 선택하려는 동기가 발생되는 한편, 관광객의 일상권에서 야기되는 사회·심리적 요인인 push factor에 의해서 관광동기가 발생된다고 하여 전자를 이성적 동기, 후자를 정서적 동기로 명명하였다. Bello & Etzal(1985)[20]은 pull factor를 관광목적지에 있어서 유인력의 결과로 나타나는 것이고 관광목적지를 선택하는데 도움이 되는 것이라고 정의 하였다. 또한 Yuan & McDonald(1994)[21]는 push-pull factor 이론을 적용한 외래관광객을 대상으로 진행한 연구결과로써 push factor로 이탈, 신기성, 위상, 우애증진, 휴식과 취미의 동기를 제시하였으며, pull factor로 비용, 문화, 식사, 야생, 용이한 이동, 분위기, 인공시설, 가능한 활동 유형들이 도출하여 요인들간의 상호작용이 관광객으로 하여금 특정 관광목적지를 찾게 되는 요인이라고 하였다. 또한 이 과정에서 push-pull factor들에 대한 우선순위의 가중치에 있어서 잠재관광객들이 사회·문화 환경들로부터 세분화된 인지도에 차이가 존

18) Cha, S., McCleary, K. W., & Uysal, M.(1995). Travel motivations of Japanese overseas travelers: A factorcluster segmentation approach. Journal of Travel Research, 34(1), 33-39

19) Dann, G.(1981). Tourist motivation : An appraisal, Annals of Tourism Research, 8(2).

20) Bello, D. C. & Etzal, M. J.(1985). The role of novelty in the pleasure vacation, Annals of Tourism Research, 6(4), 408-424

21) Yuan, S. & McDonald, C.(1990). Motivational determinats of international pleasure time, Journlal of Travel Research, summer, 42-44

재함을 발견하였다.

결론적으로 관광객을 관광목적지로 이동시키려는 작용은 pull factor가 되고, 관광객을 관광목적지로 유도하는 역할은 push factor가 된다. 관광현상은 수요-공급 관점에서 push factor (수요)와 pull factor (공급)간의 협력적인 상호작용의 결과로써 발생한다고 할 수 있다. 그러므로 관광목적지는 도시나 지역내 존재하는 관광목적지 전략수립시 또는 새로운 관광목적지 개발시 세계관광시장에서 비교 및 경쟁 우위를 유지하여 관광산업을 진흥시키기 위해 지속적인 push-pull factor에 관한 연구를 바탕으로 정책 및 전략수립을 해야 한다.

2. 매력, 매력성, 관광매력성, 그리고 관광목적지 매력성

1) 매력

"... 매력은 '사람의 마음을 사로잡아 끄는 힘'으로, 성공의 주요 변수이자 행복의 수단, 인간관계에서 가장 중요한 역할을 한다. 그러므로 미래의 불확실성 속에서 살아남기 위해서는 능력, 외모, 배경이 아니라 매력을 갖추어야 한다..."[22]

매력은 물리적 또는 심리적 대상이나 경험에 의한 자극반응을 통하여 충동이나 선호의 인지적 과정을 거쳐 즐거움이나 만족을 추구하도록 하는 끌어당기는 힘을 뜻한다(Rossiter & Percy, 1980; Hu &

---

22) Tracy, B. & Arden, R.(2006). The Power of Charm: How to Win Anyone Over in Any Situation. ((브라이언 트레이시 · 론 아덴(저), 김혜경(옮김)(2008). 끌리는 사람의 백만불짜리 매력, 한국경제신문사))

Ritchie, 1993). 본서에서는 매력을 어떤 대상이나 경험에 대하여 선호나 충동을 유발시키는 메카니즘을 통하여 즐거움, 만족, 또는 생존을 추구하도록 선택적 결정과정에 영향을 미치게끔 만드는 끌어당기는 힘으로 정의하고자 한다.

구글(www.google.co.kr)에서 매력을 검색(2018년 9월 22일 기준)하면 '묘한', '수수한', '치명적', '통통한', '은근한' 등의 형용사가 연관어로 제시되었다. 반면, 이미지는 대부분 여성과 관련되며, 특히, 예능프로그램에 등장하는 연예인의 얼굴이 주로 나타남을 확인할 수 있다. 즉, 우리나라에서는 매력이라는 단어가 사람의 특징 가운데서 '외모(appearance)'와 연결됨을 보여준다.

매력이란 단어가 사람에게 적용되어지면, '매력적인 사람이다'라고 표현된다. 즉, 다른 사람의 관심과 흥미를 끌어당기는 힘을 지닌 사람을 말하며, 구체적으로 '매력남', '매력녀'로 불린다. 인간관계에서 중심(core)과 주변(fringe)의 개념을 적용시킬 때, 자기 주변으로 사람들을 불러모으는(draw) 능력과 관계된다. Edward Hall(1965)의 인지적 거리(cognitive distance)를 적용하면, 매력은 사회적 거리(social distance)에서 개인적 거리(personal distance)로의 전환을 가능하게끔 하는 능력과 관계된다.

한편, 매력을 지칭하는 영어단어인 attractiveness를 검색한 결과(www.google.com), scale, physical attractiveness, facial attractiveness, symmetry, face, measure, figure 등이 연관어로 제시되어, 성형수술 특히 얼굴성형과 관련된 용어들이 주로 대두되었다. 반면, 이미지와 관련해서는 모두 사람의 얼굴, 그리고 성형수술을 전제로 얼굴의 형태, 수술전후 비교 등의 모습들이 주로 제시되었다. 우리나라의 매력이라는 단어와 가장 부합되는 것을 알 수 있었다.

한편, attraction이라는 단어를 검색할 때, law, attraction marketing, tourist attractions, magnet 등의 결과가 제시되어 관광과 관련된 대상이나 목적지와 관련된 본서의 주테마와 가장 부합되는 것으로 나타났다. 즉, 매력은 법칙이 있으며, 객관적 목표와 관련된 마케팅 대상이 됨을 알 수 있다. 또한 이미지로는 자석(magnet)을 통한 끌어당기는 모습, 남녀간의 사랑 등의 모습들이 관찰되었다. 따라서 본서에서는 매력을 attraction이라는 영어단어를 수용하는 관점에서 접근하고자 한다. 가장 큰 이유는 관광대상이나 관광목적지의 매력유무는 관광객보다는 관광대상을 중심으로 보는 본서의 특징에 기인함이다.

2) 매력성

매력성이란 매력의 성질(性質)로서 매력의 특징과 특성을 지닌 본성이나 본바탕을 뜻하며, 매력의 정도(程度)와 수준(水準)에 따른 상대적 기준에 의하여 비교분석 대상이 될 수 있다. 매력은 끌어당기는 힘을 지닌 속성(屬性)으로 인하여 '유인력(drawing power)'의 크기(scale)와 세기(intensity)에 의해 상대적 힘의 영향을 결정할 수 있다. 즉, 매력은 주변(fringe)에 존재하는 대상을 중심(core)방향으로 끌어당기는 힘이 미치는 반경의 길이(length)와 속도(velocity)에 의해 표현될 수 있으며, 매력의 대상은 사람도 사물도 될 수도 있다.

매력성(attraction)은 물리적인 유형적 측면에서 자원이나 상품으로 이해되며, 상징적 무형적 측면에서 이미지, 서비스 속성, 자기능력, 환대성 등을 의미하는 끌어당기는 힘이다(Leiper 1990). 매력성의 정도와 유무는 환경심리학의 자극(stimulus)-반응(response)

과정에서 지각(perception)-인지(cognition)-태도(attitude)의 연속적 단계에서 선택적 의사결정에 영향을 미치게 된다.

장소(place)가 지닌 매력성은 장소에 대한 선호로써 장소가 끌어당기는 힘이 된다. 이는 그 장소가 지닌 물리적 환경과 인문환경, 지역주민 등 구성요소간의 상호작용의 결과가 그 장소를 이용할 방문객의 기대를 충족시킬 수 가치로 나타난다. 잠재적 관광객은 그러한 가치공급이라는 예측을 통해 장소, 즉 관광목적지와 관련성(involvement)을 제고시킴으로써 방문만족도와 충성도, 재방문에 기여하게 된다.

매력성은 관광객이 추구하는 편익에 대해 부여하는 중요성과 그 편익들을 관광목적지의 관광자원이 제공해 줄 것이라고 지각하는 신념의 결합(Hu, 1993)으로 정의하고 있다. 매력성을 관광목적지에 적용할 때 관광목적지의 매력성 정도는 일상권의 잠재적 관광객이 시간과 경제적 여유가 되어 비일상권으로 레저욕구를 만족시켜 줄 수 있다는 신념, 느낌, 행동성향을 반영한 관광목적지 선택의 의사결정과정에 영향을 주게 된다. 따라서 특정 관광목적지가 잠재적 관광객으로 하여금 관광욕구를 충족시켜줄 것이라는 믿음을 강하게 부여하면 할수록 그 관광목적지는 매력성이 높아진다고 할 수 있다(김정준, 2009). 따라서 매력성은 관광목적지 유형의 선택에도 그에 따른 관광동기에도 관여하게 된다. 매력성은 여행 및 관광시스템에 활력을 제공하는 힘이다(Gunn, 1988). 특히 관광매력물시스템론에서 환경과 문화를 구성하는 요인 간의 상호작용을 통해 핵심자원(nucleus)은 매력요인으로서 관광객의 욕구를 자극하여 유인력을 발휘한다고 주장하였다(Faulkner, 1999).

3) 관광매력성

Lew(1987)는 매력을 표의적, 조직적, 인지적 관점에서 평가하여, 매력물이 지닌 자극에 의해 관광객은 지각과 경험의 심리적 과정을 거쳐 관광목적지 이미지와 관광경험의 질적 제고에 기여하는 것으로 보았다. 관광매력은 관광객의 관광행동을 유발시키는 대상으로 관광목적지에서 이용가능한 모든 유·무형의 대상을 포함하게 된다(오성수, 2013). 따라서 관광매력성이란 관광객에게 관광목적지의 매력물(매력적인 대상이나 산물)에 대해 갖게 되는 전반적인 신념이나 느낌 등과 매력물에 대한 상대적 중요성의 결합이라 정의하였다(Mayo & Jarvis, 1981). 관광매력성은 관광객에 의하여 선택되고 이용될 때 가치를 인정받을 수 있는 속성으로 시대와 사회에 따른 역동성을 지니고 있으며 세계시장의 다변성과 다양성, 관광객의 라이프스타일, 관광목적지 환경에 따라 관광매력성은 가변적이 된다.

양승필·곽영대(2010)와 이후석·오민재(2016)는 관광목적지가 지닌 매력성이 지각된 가치에 유의한 영향을 미친다는 점을 제시하였다. 또한 서로 다른 문화권(중국, 일본)의 배경을 지닌 관광객의 관광목적지와 관련된 매력성이 관광태도인 지각된 가치에 매력성이 유의한 영향을 미친다고 하였다(곽춘려·이희승, 2013; 고선희·박은숙, 2011; 김진옥·김남조, 2015; 윤정헌, 2007).

관광매력성은 관광객의 의사결정과정에 영향을 미치는 중요한 요인임과 동시에 관광목적지의 주관적인 가치평가에 대한 기준이 되기도 한다. 즉, 관광객들은 관광목적지나 관광활동의 의사결정을 할 때 우선적으로 관광목적지나 행동대상의 매력성을 평가하게 되고, 이러한 가치평가에 대한 기준을 가지고 관광태도가 형성되며 행동의도로 연결된다(윤정헌, 2007). 특히 일상군의 잠재적 관광객이 비일상권에서의 관광활동을 위한 최종목적지인 관광목적지 선택에 있어서 관광객이 느끼는 지각된 가치 및 태도가 중요한 변수로 대두됨에 따라 매력성과 지각된 가치 및 태도와의 관계에 대한 관심도 증가하고 있다(정윤희·오치옥, 2017).

따라서 관광객의 관광행동은 관광목적지를 선택하고 관광경험 이후 평가를 기반으로 이후 재방문을 결정하는데도 적용된다. 관광목적지의 매력성에 대한 평가는 관광목적지 전략에서 매우 중요한 역할을 하게 된다.

4) 관광목적지 매력성

관광목적지는 다양하고 복잡한 구성요소로 이루어져 있으며, 방문한 관광객의 만족도를 제고시키기 위해 상호의존적으로 연결되어 있다(고계성·오상훈, 2004). 세계시장에 존재하는 다양한 관광목적지 가운데서 그 경쟁력을 유지하기 위해서는 관광목적지는 관광매력성을 지니고 있어야만 비일상권의 잠재관광객이나 일상권의 관광객에게 지속적인 관광동기를 제공할 수 있다(고동우, 1998).

관광목적지에 영향을 미치는 요인들 중 매력성은 중요한 요소로써(김재진 2001), 일상권의 잠재적 관광객을 비일상권으로 끌어당기는 힘을 지니고 있다(Shim, 2010). 관광목적지 매력성이란 관광목적지가 지닌 자원, 상품, 이미지, 특징 등의 속성에 해당된다. 관광목적지를 구성하는 관광대상이나 관광객의 경험과 관련하여 관광객의 태도 형성에 영향을 미치는 특성에 해당되는 것으로 심리적 작용의 결과 정량적인 평가가 가능하다. 매력성은 관광목적지 평가와 관련하여 다양하게 적용되어진다. 관광목적지에 대한 매력성을 높게 지각할수록 긍정적인 특징을 보유하는 것으로 인식되어 선호도가 높은 반면, 매력성이 낮게 지각되는 대상은 선호도가 낮아지는 것으로 나타났다(윤성욱 등, 2003; 조경희, 2006; Gillen, 1981; Perlini et al., 1999). 또한 관광목적지 매력성이 커질수록 관광목적지 정체성을 바탕으로 하는 독특한 관광목적지 매력성은 관광목적지에 대한 일체감을 더욱 크게 만들며, 관광시장에서의 경쟁력을 제고시킬 것이다.

관광목적지 매력성에 대한 초기 연구는 1970년대부터 이루어졌으며(Ritchie & Zin, 1978) 매력성을 자연요소와, 문화요소로 구분하여 관광목적지 특성별로 세분화하여 평가한 연구가 주로 이루어졌다(김상혁·오현주, 2012). 관광목적지 매력성에서 도출된 공통적인 요인은 교육성, 편의성, 체험성, 자연경관, 역사성, 해설성, 고유성, 인적서비스, 접근성, 관광시설, 다양한 프로그램 등으로 사례지역에 따라 다양하게 구성되고 있다(Haahti, 1986; Hu & Ritchie, 1993; 박은경 외, 2010; 윤설민 외, 2012). Prideaux(2002)에 따르면, 관광목적지 매력성은 '첫째 물리적 측면으로 자원이나 상품으로 이해되거나, 둘째 상징적 특징으로 이미지, 특징, 스스로의 능력, 서비스 속성, 활동성 등을 의미하거나, 셋째 관광객들이 어떤 대상에 대해서 모험적, 위락적, 교육적 혹은 확실성을 포함하는 지각된 범위와 인식'으로 정의된다고 하였다. 따라서 특정 관광목적지가 잠재적 관광객으로 하여금 그들의 관광욕구를 충족시켜줄 것이라는 믿음을 강하게 부여하면 할수록 그 관광목적지 매력성은 높아지게 되며, 결국 관광목적지 선택의 의사결정으로 이어지게 된다.

관광목적지 매력성은 관광객을 위한 편의시설의 품질과 각종 관광자원들의 원천이 된다. 따라서 관광목적지 매력성은 관광자원을 비롯한 관광목적지 평가에 대한 결과로 나타날 수 있다(이우상, 1997). 관광목적지는 관광대상이 되는 관광상품 그 자체만으로 관광객을 끌어당기는 지역이나 시공간적 장소가 된다(Garcia, Saura, Garcia & Gallarza, 2004). 관광목적지 매력은 방문의사, 재방문의사, 관광목적지 이미지에 영향을 미친다(Enright & Newton, 2004). 따라서 관광목적지 매력은 관광객이 추구하는 편익에 의한 중요성과 그 편익들을 관광목적지가 제공해 줄 것이라고 지각하는 신념으로 구성되며(오상훈·고계성, 2005), 지속적이고 효율적인 매력 평가를 통해 관광객의 만족도 수준을 제고 시킬 수 있는 방안을 제시할 수 있다(김홍렬·윤설민, 2006). 관광목적지 매력성은 관광객의 관광목적지 방문동기와 만족도 분석에 중요한 의미를 지니고 있다.

관광목적지 매력성은 매력물에 대한 이용가능성과 매력을 체험함으로서 인지되는 중요성간의 관계로 나타나기 때문에 관광객에게 매력의 편익을 전달하는 방법이 중요하다(양승필, 2010). 따라서 관광목적지 매력성은 관광객의 관광동기를 충족시켜 줄 매력요인을 발굴하여 관광시장에 공급될 때 관광목적지의 관광정책은 명확한 목표와 목적을 제시해야 한다. 이를 위해서는 먼저 관광목적지를 소유하는 지역공동체나 도시의 구성원이 역사적으로 그 도시에 정주하면서 다양하게 수행해온 일상의 지식과 경험의 축적이 그 도시 정체성(identity)의 기반이 됨을 인식해야한다. 도시는 도시민과 지역공동체가 상호 신뢰가 형성될 때 도시 매력성은 정확하게 표현되어 지며, 더 높게 인식되어 진다. 최낙환 등(2009), Bhattacharya et al.(1995)은 도시를 구성하는 대상의 매력성에 대한 동일시 과정을 경험하게 구성요소와 더 긍정적인 영향관계를 맺고 있음을 밝혀내었다. 따라서 도시매력성이 도시와의 깊은 유대감과 애착을 통한 동일시로 자신과 지역공동체 더 나아가 도시와의 일체감에 긍정적 영향을 미침을 확인할 수 있다. 지역주민의 정주환경에 대한 만족은 도시정체성과 도시브랜드 향상에 기여하며 이는 방문하는 관광객과의 상호작용 증가를 통한 hospitality와 관광객의 재방문(revisitation) 제고에 영향을 미치게 된다.

관광목적지의 매력은 관광개발과 관광마케팅의 관점에서 전통적으로 많은 연구가 이루어진 개념 중 하나이다(이경진·박경열, 2014; Kim & Perduce, 2011). 매력성은 관광목적지의 존재의미를 갖게 하는 관광객 유인요인(pull factor, 예: 자연적, 인공적, 역사적, 문화적 볼거리)을 의미한다(윤설민 외, 2012).

관광목적지 매력성이란 관광욕구를 만족시켜주는 관광대상의 기본적 매력성 이외에도 관광목적지를 선택하는 결정인자로서 작용한다. 따라서 관광목적지가 관광객을 위한 관광인프라 등 관광시설의 편의성 및 안전성, 서비스 접근의 용이성, 체재의 쾌적성, 서비스 지원기능과 같은 환대성, 관광객을 수용할 수 있는 총체적 수용성, 유인성 등의 특성과 관광대상의 가치를 전달하는 해설이 수반되었을 때 관광객들을 적극적으로 끌어들일 수 있는 매력을 소유한다고 할 수 있다(김계섭·안윤지, 2005). Inskeep(1991)은 관광목적지 매력물[23]을 자연·문화·특수 매력물로 구분하여 관광개발계획에 응용가능하도록 하였다.

오늘날 관광객들이 관광목적지를 찾아가는 이유는 매우 다양하며,

---

23) 자연매력물 : 기후, 경관미, 해변과 바다, 동식물군 등의 자연적 환경에 기반
문화매력물 : 건축학적, 역사적, 문화적 공간, 독특한 전통과 관습, 예술과 수공예품, 흥미있는 경제적 활동 및 도시지역 등의 인간 활동에 기초
특수매력물 : 주제공원, 위락공원, 쇼핑, 각종 회의, 특별한 이벤트, 카지노 등 인위적으로 조성된 매력물

관광목적지는 관광객의 욕구를 충족시키기 위한 다각적인 전략마련과 매력창출을 통한 새로운 활용가치를 발휘하고자 노력하고 있다(임화순·고계성, 2006). 왜냐하면 관광목적지 매력은 관광목적지 가치성과 관광객의 만족도에 매우 큰 영향으로 작용하는 기제가 되기 때문이다(Enright & Newton, 2004).

3. 매력자본, 경쟁력

1) 매력자본(attraction capital)

매력을 자본주의의 산물인 자본의 개념과 접합시킨 매력자본이라는 용어가 최근 미디어를 통해 언급되기도 한다. 주로 사람의 외모와 관련하여 매력요소를 많이 지닐수록 매력성이 높은 사람이며, 사회적 성공(success)확률이 높다고 지적할 때 주로 사용된다. 그러나 간혹 사람의 내면적인 개성과 결합되어 내면적 개성, 유머, 미소, 대화기법 등을 포함하는 관점도 제기된다.

현대 자본주의 사회에서는 세상에 존재하는 모든 것에 가치(value)가 매겨지기 때문에 인간의 매력 유무는 자본에 비견될 만큼 힘(power)으로 작용하며, 또한 그 만큼 우리 사회에 전방위적으로 영향력을 미친다고 생각하게 된다. 따라서 사람에 적용된 '매력적인 사람'은 그렇지 않는 사람에 비해 경쟁력이 높을 뿐만 아니라 비즈니스와 관련된 비일상권에서도 일상생활과 관련된 일상권에서도 생존능력이 높다는 것을 의미한다. 이러한 트렌드는 매력성을 지니지 않으면 생존경쟁의 현실에서 취약성에 노출되는 것처럼 비춰진다.

이러한 인식은 매력자본을 현대사회에서는 필수불가결한 요소로 그 중요성은 희소성과 가치를 지속적으로 강제하고 있음을 느끼게 된다. 그런데 매력자본도 다른 현대사회의 자본처럼 공급이 수요에 비해 부족해 희소가치가 높다.[24]

매력을 자본으로 보는 '매력자본'은 London School of Economics 교수 Hakim의 '에로틱 캐피털(erotic capital)을 번역한 용어로써 돈이나 땅과 같은 경제적 자본(economic capital), 문화예술에 대한 식견과 문화예술작품의 향유능력을 포함하는 문화적 자본(culture capital), 인적 네트워크와 같은 사회적 자본(social capital)과 더불어 개인이 가질 수 있는 제4의 자본으로 제시하고 있다. 여기에는 외모의 아름다움, 성적인 매력, 상대를 즐겁게 하는 사교 기술, 건강미가 느껴지는 활력, 사회적 표현능력, 성적능력 등 여섯 가지 요소가 포함된다고 하였다.

그러나 이러한 매력은 비단 사람에 국한된 것만은 아니다. 매력을 사물에 적용할 때 사람의 관심과 흥미를 촉진시켜 그 대상으로 접근하여 경험하게 끔 만드는 대상을 매력물로 불리워진다. 여기에서 매력은 자석의 원리와 같은 '자기력(magnetic power, 자기장에서 이루어지는 힘)'으로 표현된다. 어떤 대상이 그 대상이 위치한 쪽으로 사람에게 영향력을 미쳐 끌어당기는 힘을 나타낸다. 물리적 거리(physical distance)의 관점에서 볼 때, 대상과 사람과의 거리를 단축시켜 대상 쪽으로 가까이 다가오게 할 수 있는 능력이 된다.

일상권에 존재하는 대상, 우리가 흔히 자원(resources)이라고 부르는 것들은 기본적으로 매력을 소유하고 있다고 할 수 있다. 관광목

---

24) http://www.artkoreatv.com/news/articleView.html?idxno=41295

적지에 적용시킬 때, 그 공간과 시간 속에 존재하는 자원의 특징이 형태를 지닌 사물이든 장소를 지칭하는 공간이든 또는 비물질문화유산에 해당되는 무형자산이든 매력의 유무와 매력의 다소 등 매력의 정도에 따라 관광객들의 방문유무와 다소와 비용지불의 유무와 다소의 크기를 결정하게 된다. 그러므로 관광목적지가 매력을 갖추는 것은 필수조건임을 의미한다.

매력자본은 또한 관광목적지를 구성하는 요소인 매력물에도 적용된다. 일상권에 거주있는 잠재적 관광객인 일반인이 시간과 경제적 조건이 충족되어 비일상권인 관광목적지 경험을 추구할 때, 이러한 관광동기를 실제화시키는 데 있어 의사결정과정에 관여되는 것이 그 관광목적지가 지닌 매력정도 즉, 매력자본의 크기가 될 것이다. '관광목적지 선택'에 중요한 요인이 '매력'이 되며, 그 매력의 상대적 크기가 선택에 영향을 발휘하게 된다. 이는 관광목적지가 매력적이어야 당위성 뿐만 아니라 목적지 자체의 매력자본 소유는 필수사항임을 알려준다. 매력유무와 매력도의 높고 낮음, 매력성의 많고 적음이 관광목적지를 선택할 관광객의 의사결정에 영향을 미침을 다시한번 주목할 필요가 있다. 관광객은 그 매력에 민감하게 반응을 한다고 할 수 있다. 관광객은 매력자본을 지닌 매력물을 선택하게 된다.

Tourist is sensitive to attraction!

2) 매력, 경쟁력(competitiveness)

경쟁력이란 단어는 발음부터 쉽지가 않다. [경 : 쟁녁]. 경쟁할 만한 힘(power to compete), 또는 그런 능력(capability to compete)을 뜻한다. 영어로는 competitiveness, competition, 한자로는 競爭力 중국어로는 竞争力으로 사용된다. 현대사회의 특징을 나타낼 때 가장 많이 언급되는 단어일 것이다.

기본적으로 경쟁력이라는 단어는 2개 이상의 유사한 대상이나 사람이 존재하는 상황에서 의사결정 과정을 통하여 자신이나 타인이 최종적인 선택(choice)의 순간에 반영되어지는 특질이다. 따라서 경쟁력은 기본적으로 비교(comparison : make a comparison (between), measure A against B) 대상을 전제로 한다. 그러므로 선택과정에서 둘 이상의 사물이나 사람을 견주어 서로 간의 유사점, 차이점, 강점, 약점 등 법칙 등을 적용하여 관찰이나 직관, 객관적이며 과학적 분석의 결과가 반영된다.

경쟁력의 대상이 갖추고 있어야할 특성으로 매력을 제시한다. 매력을 끌어당기는 힘으로 정의할 때 2개 이상의 대상 가운데 더 많이 더 깊이 끌리는 대상을 선택하게 된다. 이러한 과정에서 매력은 의사결정의 매우 중요한 변수가 된다. 따라서 관광대상 중 경쟁력이 높다는 것은 매력성이 높다는 것을 의미하게 된다. 이는 관광대상이 매력적이어야 하며, 매력성을 지닌 대상이 경쟁력이 높다는 것이며, 이는 관광대상을 지닌 관광목적지의 경쟁력으로 이어지며, 관광목적지가 위치한 도시나 지역, 국가 전체의 경쟁력을 제고시키는 데 기여하게 된다. 매력자본은 관광목적지 경쟁력과 직접적으로 연관되어 있다.

국가간 경쟁력을 지칭할 때 국제경쟁력이란 단어를 사용한다. 기업이 세계시장에서 가지고 있는 경쟁력으로 가격경쟁력과 비가격경쟁력으로 구성된다. 가격경쟁력이란 인건비 등 제조비용과 환율(exchange rate)에 의해 결정되는데 세계시장에서 자국상품과 타국상품 간 가격차를 뜻한다. 비가격경쟁력은 제품의 품질, 브랜드, 애프터 서비스의 품질 등 가격으로 계산할 수 없는 것이 된다. 이 두가지 구성요소는 밀접하게 상호 연관되어 있기 때문에 종합적으로 국제 경쟁력이라 일컫는다.

국제경쟁력의 개념을 관광에 적용한 바 세계관광경쟁력을 사용하기도 한다. WEF(World Economic Forum)에서 2007년 처음 제기하여 "여행과 관광부문에의 지속가능한 발전을 가능케하는 요인과 정책들 중 국가의 발전과 경쟁력에 기여(the set of factors and policies that enable the sustainable development of the Travel & Tourism sector, which in turn contributes to the development and competitiveness of a country)"한 것을 뜻하는 것으로 지수(index)개념을 접목시켜 '세계관광경쟁력지수'로 4개 요인, 14개 항목으로 구분하여 관련 국가 간 관광환경의 평가기준을 제시하였다.

<표 1> 2017년 관광경쟁력지수 프레임워크

요인 1	요인 2	요인 3	요인 4
환경조성 Enabling Environments	관광정책 & 여건조성 Policy & Enabling Conditions	기반시설 Infrastructure	자연 & 문화자원 Nature & Cultural Resources
관광산업이 국가에서 운영되기 위한 조건	관광산업에 직접적으로 영향을 미치는 구체적인 정책이나 전략	경제의 물리적 인프라의 질과 가용성 의미	"여행 및 관광의 이유"를 보여주는 지수
비즈니스 환경 안전/보안, 보건위생, 인적자원/노동시간, 정보통신기술	여행, 광산업우선순위, 국제적 개방성, 가격경쟁력, 환경적 지속가능성25)	항공운송, 육상/항만운송, 관광서비스 인프라	자연자원, 문화자원/ 비즈니스 여행

---

25) - **개념**

"세계환경개발위원회 "(WCED)에서 1987년 '우리 공동의 미래 (Our Common Future)'를 발표하면서" 미래 세대의 욕구를 충족시킬 수 있는 능력을 저해하지 않으면서 현재 세대의 욕구를 충족시키는 발전(development that meets the needs of the present without compromising the ability of generations to meet their own needs)으로 개념화함.

1990년대 이전 경제, 사회, 환경을 서로 상호작용하는 별개의 영역으로 보고 경제성장과 환경보존

Rank	Country/Economy	Score	Change since 2015	Rank	Country/Economy	Score	Change since 2015
1	Spain	5.43	0	26	Malaysia	4.50	-1
2	France	5.32	0	27	Brazil	4.49	1
3	Germany	5.28	0	28	Luxembourg	4.49	-2
4	Japan	5.26	5	29	United Arab Emirates	4.49	-5
5	United Kingdom	5.20	0	30	Taiwan, China	4.47	2
6	United States	5.12	-2	31	Denmark	4.43	-4
7	Australia	5.10	0	32	Croatia	4.42	1
8	Italy	4.99	0	33	Finland	4.40	-11
9	Canada	4.97	1	34	Thailand	4.38	1
10	Switzerland	4.94	-4	35	Panama	4.37	-1
11	Hong Kong SAR	4.86	2	36	Malta	4.25	4
12	Austria	4.86	0	37	Estonia	4.23	1
13	Singapore	4.85	-2	38	Costa Rica	4.22	4
14	Portugal	4.74	1	39	Czech Republic	4.22	-2
15	China	4.72	2	40	India	4.18	12
16	New Zealand	4.68	0	41	Slovenia	4.18	-2
17	Netherlands	4.64	-3	42	Indonesia	4.16	8
18	Norway	4.64	2	43	Russia Federation	1.15	2
19	Korea, Rep.	4.57	10	44	Turkey	4.14	0
20	Sweden	4.55	3	45	Bulgaria	4.14	4

<그림 2> 2017년 국가별 관광경쟁력지수 순위

을 대립관계로 보았으나, 이러한 틀을 깬 개념이 지속가능발전으로 경제성장, 사회통합 환경보전을 각각의 영역에서 동시 다발적으로 일어나는 시너지 현상으로 재설정. 이후 여러 회의와 논의를 거치며 인간사회는 환경에 내재되어 있고 경제는 사회활동의 일부에 불과하다는 시점에서 경제성장을 위해서는 사회적, 환경적 측면에서 지속가능한 근간이 마련되어야 한다는 의견 거론되고 있음.

- **지속가능발전 4대 원칙**

세대간 형평성
현 세대의 풍요를 위해 다음 세대에게 부담을 주지 않아야 한다. 이를 위해 천연자원과 쾌적한 환경, 의료보험 등을 포함한 각종 사회보장제도 인적 자원과 안정적 재정구조의 지속적인 확보가 필요하다.

삶의 질 향상
삶이 더욱 쾌적하고 안정될 수 있도록 건강한 환경을 유지해야 한다. 환경을 비롯하여 개개인의 잠재력 개발과 직업에 대한 만족, 쾌적한 주거환경, 친환경적이고 안전한 농산물 확보, 사회적 인정, 건강 유지 등이 필요하다.

사회적 통합
사회적 부를 균등하게 분배하고 정치참여의 기회를 확보하는 제도적 장치를 마련하며 급격한 사회환경과 산업구조의 변화 속에서 사회구성원들이 공동체적 의식과 가치관을 갖춰야 한다.

국제적 책임
지역의 환경문제와 지구환경문제가 서로 연결되어 있음을 인식하고 대응해야 하며, 국가간 경계를 넘어 환경보전, 빈곤퇴치 등 전 지구적 차원에서 협력해 나가야 한다.

- **지속가능발전의 통합적 개념**

경제목적(효율성/성장) + 생태적 목적(자연/자원) + 사회적 목적(빈곤/공평)

- **지속가능발전 목표**

빈곤종식 / 기아해결 / 건강과 복지 / 양질의 교육 / 성평등 / 깨끗한 물과 위생 / 지속가능한 청정에너지 / 좋은 일자리와 경제 성장 / 산업, 혁신과 인프라 / 불평등 해소 / 지속가능한 도시와 공동체 / 지속가능한 소비-생산 / 기후변화 대응 / 해양생태계 / 육상생태계 / 평화, 정의 강력한 제도 / 글로벌 파트너십

(자료출처 : www.sdkorea.org)

우리나라는 136개 대상국 가운데 2017년 19위를 차지하여 2015년 비해 10계단 상승한 것으로 나타났다. 2007년 최초 평가가 시행된 이후 격년제로 실시되는 가운데 한국은 지속적으로 42-31-32-25-29-19 등으로 순위가 상향 조정되고 있음을 볼 때 우리나라의 관광경쟁력은 상승곡선을 그리고 있는 것으로 이해되어 진다. 이는 세계관광시장의 역동성 가운데서 우리나라가 관광객 송출시장의 다양한 관광욕구에 대응하는 관광상품, 관광매력물을 창출시키고 있음을 보여주는 것이라 평가할 수 있다. 특히, 정부의 지속적인 관광친화적 정책의 수립과 실행을 비롯하여 관광인프라의 구축에 대한 기반 위에 관광객의 관광목적지 선택에 직접적 영향을 미치는 매력물인 자연 및 문화자원에 대한 관광시장 수요에 대한 유연한 대응력의 결과로 반영되어 진다. 또한 관광객 송출시장의 새로운 매력물에 대한 수요를 지속적인 관찰을 통하여 다양한 매력물 창출을 통해 세계관광시장에서 경쟁 및 비교우위를 점한 노력의 결과로 사료된다. 지속적인 경쟁력 제고를 위해서는 중앙정부와 지방정부 차원에서 뿐만 아니라 관광산업과 관련된 민관산학의 유기적인 협치(governance)가 다른 어느 시대보다 중요한 때임을 주목할 필요가 있다.

경쟁력은 매력의 기반 위에 세워진다!
Competitiveness is based on attraction!

4. 관광매력물과 이론(Theory)

관광매력물은 관광객이 방문하는 흥미있는 장소나 대상으로서 전형적으로 내면적이거나 외형적인 자연 및 문화적 가치, 역사적 의미, 자연미와 인공미를 소유하고 있어 레저와 오락성(amusement)를 제공해준다. 관광매력물은 비(非)일상권에 존재하면서 일상권의 잠재관광객에게 끌어당기는 영향력을 지닌 물리적 대상으로서 일상권의 잠재관광객이 비일상권인 관광목적지로의 이동을 통해 관광객이 되도록 영향을 미치는 요소가 된다. 관광매력물은 비일상권의 공간(장소)적 특징에 따라 관광대상으로서 명칭은 다양하게 불린다.

따라서 관광목적지는 기본적으로 관광매력물의 소유정도가 경쟁력으로 반영되어진다. 여기에서는 매력물과 관련하여 공간적 관점에서 관광매력물에 관한 이론적 연구인 관광매력물시스템론과 관광목적지역론을 중심으로 매력과 매력물을 관광목적지를 구성하는 하나의 통합적 시스템 관점에서 검토해보고자 한다.

1) 관광매력물시스템론(Tourist Attraction Systems)[26]

관광매력물이란 일상생활권에서 활동하는 자유재량의 시간(discretionary time)을 지닌 잠재관광객이 비일상생활권으로의 이동을 결정 및 실제 행동으로 옮기게 끔 동기를 제공하는 대상이다. 일반적으로 관광매력물은 정주공간인 집에서 관광목적지까지 유인하는 "집이 아닌" 장소와 공간을 이루는 모든 구성요소를 말한다. Lew(1987)는 관찰가능한 경관, 체험활동, 그리고 기억할 만한 경험 등도 포함시키고 있다. 따라서 Lundberg(1985)는 관광매력물을 관광객을 유인하는 어떤 대상으로 정의하며, Gunn(1979, 1980)과 Lew(1987)는 관광학 연구에서 매력물의 중요성을 강조하였다. 특

---

26) 본문의 내용은 양위주(2018). 해양관광. 한울출판사를 참고로 하여 재작성 되었음을 밝힘

히, MacCannell(1976)은 관광매력물이란 관광객, 광경(光景), 표지(標識)간의 체험적 관계로써 정의하며, 단위 관광매력물은 3가지 구성요소로 이루어지는 하나의 시스템이라고 주장하였다. Gunn(1972)은 매력물의 중심요소를 의미하는 광경을 '핵심'이라는 단어로 대체하여 사용하고 있다. 이는 원칙적으로 어떤 매력물의 핵심에 해당되는 것은 장소의 어떤 속성을 대표할 수 있으며, 어떤 광경이나 대상, 사람, 이벤트 등도 가능하다고 하였다. 그러므로 MacCannell과 Gunn의 연구결과를 검토할 때, 하나의 관광매력물은 관광객(인적요소), 핵심(중심요소), 그리고 표지(정보요소) 등 3요소들이 유기적으로 연결되어 존재하는 하나의 시스템이 된다. 다음 그림은 매력물시스템이 실제 어떻게 작용하는가를 보여주는 것으로 관광객은 '매혹된다' '끌린다' '유인된다' 등에 해당하는 단어상의 의미대로만 적용되는 단순한 대상이 아님을 보여준다. 하나의 표지요소가 잠재적인 욕구/요구 인자와 긍정적으로 반응을 보일 때 하나의 핵심과 그 표지들을 체험하기 위해 관광동기를 지니게 된다.

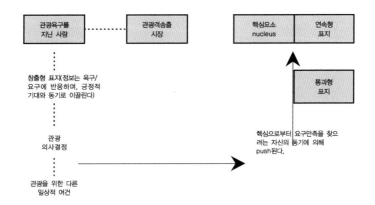

<그림 3> Tourist attraction system model

① 여행자와 관광객

집합(set)의 개념에서 볼 때, 관광객(tourist)은 관광매력물시스템에서 볼 때 여행자(traveller)의 부분집합에 해당된다. 관광객이란 일상생활권인 정주공간으로부터 비일상권인 관광목적지에서의 즐거움(pleasure)을 추구하여 이동을 한 사람을 가리킨다. 특히 관광객은 기본적으로 자유재량의 시간과 경제적 여건이 충족된 상황(그렇지 않는 상황도 가능)에서 '이동'에의 강력한 욕구가 자신의 태도와 행태에 영향을 미쳐 의사결정과정을 통해 비교 및 경쟁우위를 지닌 비일상권으로 떠난 사람을 말한다. 여기까지는 여행자와 관광객의 구분은 모호하다.

그러나 집합의 관점에서 볼 때 다양한 여행 행태 중 관광현상에 관여된 사람을 관광객으로 정의하고자 한다. 여기서 관광현상이란 관광객의 소비를 통한 지역경제의 다양한 승수효과가 발생하며, 관광목적지에서 관광객과 지역주민간의 다양한 사회적 문화적 환경적 상호작용을 통하여 방문/재방문 선호/비선호 등 다양한 사회학적 현상이 수반되는 것을 의미한다. 기본적으로 여행자와 관광자의 공통분모는 일정시간이 경과하면 비일상권에서 일상권으로의 회귀가 전제된다는 것이다.

② 핵심(核心, nucleus)

관광매력물시스템의 중심요소인 핵심은 관광객이 비일상권으로 방문을 결정하는데 가장 큰 영향력을 미치는 대상으로 일상생활권에서 관찰되거나 경험하기 어려운 독특하고 새로운 성격(개성, personality)과 특징을 소유하고 있다. 핵심은 일상권에서 비일상권으로 이동하게끔 하는 경험의 기저를 이루는 욕구와 동기를 유발시키기에 관광객 송출지역인 일상권에 존재하더라도 규모나 크기, 매력의 정도와 다소의 관점에서 비교 및 경쟁우위를 지니고 있다. 따라서 핵심은 여행기간 동안 관광객 경험에 중요한 영향을 주는 것으로 매력물시스템내 구성요소간 연계를 통해 다양한 조합을 형성하게 된다. 또한 관광목적지내 존재하는 핵심믹스(nucleus mix)내에서 다른 핵심요소와는 중요도에서 있어서 서로 다른 정도를 지니게 된다. 관광목적지내 다양한 핵심요소가 존재하지만 계획 의도나 디자인 의도와 달리 이용하는 관광객의 선호나 만족 여부에 따라 명확하게 위계성(hierarchy)이 부여된다. 어떤 매력물시스템내 핵심요소는 특정유형의 개별관광객이나 단체관광객에게 다른 핵심요소보다 더 중요하게 인식될 수도 있기 때문이다. 핵심은 계층성을 지니면서 중요도에 따라 1차적, 2차적, 3차적 핵심요소로 구분되기도 한다.

③ 표지(標識, marker)

표지는 한자어로 標識, 영어로 signage를 뜻하며 사람들에게 정보를 보여주기 위해 만들어진 일종의 시각적 자극물로 정의된다. 그러나 관광매력물시스템에서는 marker라는 단어를 사용하고 있다. Marker는 'something that serves to identify, predict, or characterize'[27]로 정체성이나 특징을 보여주는 대상으로 규정하고 있다. 어떤 관광매력물 내에서 잠재적으로 핵심요소가 되는 어떤 현상과 관련된 정보의 항목으로 정의되지만 정보매체 자체와는 명확히 구분된다. MacCannell(1976)은 표지를 off-site와 on-site로 분류하여 분리형 표지와 근접형 표

---

27) https://www.merriam-webster.com/dictionary/marker

지28)로 구분하였으며, 전자는 생성형 표지29)와 통과형 표자30)으로 세분하였다.

모든 관광매력물은 최소한 하나 이상의 기능을 띤 표지요소를 소유하고 있다. 표지는 관광매력물시스템의 인적요소와 핵심요소를 연결하는 촉매제 기능을 수행한다. 그러나 매력물시스템 내 과다한 표지는 관광객에게 선택과정에서 혼돈을 야기시키셔 매력물시템 전체를 불완전하게 인식하게 할 수도 있다.

이상에서 검토한 관광매력물시스템의 구조적 틀은 관광목적지의 유형별로 검증되어야 할 필요가 있겠지만, 관광목적지의 일반적인 공간구조와 시스템을 이해하는데 있어 상당한 설득력을 지닌다고 할 수 있다. 특히, 관광매력물시스템은 관광목적지로 관광객을 끌어들이는 방법을 체계적으로 연구하는데 도움을 제공해준다.

2) 관광목적지디자인모형(Tourism Destination Regional Design Model)31)

시간과 공간을 지닌 장소성의 개념에서 관광목적지는 지리학적 관점에서 위계성을 지닌 계획대상이 된다. 관광목적지는 단위 관광매력물이나 또는 다수의 관광매력물들이 영역내 집합되어 있는 클러스터를 이루는 곳이지만, 클러스터와 클러스터간 또는 클러스터내 단위 시설물인 매력물과 매력물간 동선으로 연결되어 영역 내에서

---

28) contiguous marker : 핵심요소에 위치

29) generating marker : 핵심요소가 위치한 장소로 관광목적지로 출발하기 전에 얻게 되는 정보

30) transit marker : 관광목적지에서 관광활동 참여 중에 얻게 되는 정보

31) Dredge, D. (1999). Destination Place Planning and Design. Annals of Tourism Research, 26, 772-791. 연구결과인 6개 구성요소를 기반으로 우리나라 관광목적지에 적합시켜 재작성 하였음. 본문의 내용은 양위주(2018). 해양관광, 한올출판사를 참고로 하여 재작성되었음을 밝힘.

관광목적인 즐거움의 추구를 극대화하기 위해 관광객의 연속적 체험(sequential experience)을 유도한다. 이러한 관광목적지의 특성에 대해 Dredge(1999)는 관광목적지의 계획과 디자인을 위한 공간모형을 계획적 관점에서 제시하였다. 이 모형의 기본전제는 관광동기가 상용여행이나 친구/친지방문보다는 순수관광 목적이 우세한 경우를 대상으로 하고 있다. 이 모형은 기본적으로 시스템론에 기초하되, 개념적으로 단위 관광목적지는 통합적 관점에서 지역내 소재하는 다른 관광목적지와의 통합이 가능하다고 전제하고 있다. 이 모형은 3가지 기본적 가정을 제시하고 있다.

첫째, 관광객송출시장과 관광목적지들은 지리적으로 명확히 구분되며, 지리학적 관점에서 공간적으로 존재하는 실체로써 영역성을 지닌 장소가 된다.

둘째, 관광목적지는 복합적이며 다차원적 특성을 지니고 있어, 위치, 규모, 관광시장 특성에 따라 적용가능한 유연한 위계구조를 요구한다.

셋째, 관광개발계획수립시 관광목적지역은 관광목적지, 관광객송출시장, 결절점, 지구, 순환루트, 관문으로 구성되어진다.

① 관광목적지

Leiper(1990)는 레저시간 동안 어떤 특징이나 특성을 지닌 대상에 대한 만족도를 경험하기 위해 적어도 하루동안 방문을 선택하는 구체적인 장소로써 관광목적지를 정의하고 있다. 그러나 관광의 개념적 정의는 시대의 흐름을 반영하는 척도가 된다는 시점에서 세계관광시장의 유동성과 변화성을 고려할 필요가 있다. 특히, 사회적 문화적 현상에 따른 개인의 라이프스타일에 대한 반영, ICT 기술의 변화 등을 고려할 때 고전적 개념의 관광정의 즉, 거리적 관점, 소비적 관점, 행동적 관점에서 명확한 경계와 범위를 설정하기 어려운 상황이 되고 있다. 따라서 관광의 성립조건에 대한 엄격한 기준 보다 다소 광의적이며 보편적인 개념을 담고 있되, 개념적 정의 보다 오히려 현대사회에서 중요한 키워드 제시를 통하여 관광을 바라보길 제안한다.

관광의 정의에서 제시하고자 하는 키워드는 '즐거움(pleasure)'와 '비일상권(non-ordainary zone)'이다. 전자는 관광동기와 후자는 이동하는 목적지와 관련된다. 특히, 관광목적지와 관련하여 일상권으로부터 벗어난 물리적 이동을 위한 목적지가 비일상권이 되어야 함을 뜻한다. 그 목적지역내 다양한 장소들을 방문할 수도 있지만, 지리적으로 위치가 다른 곳에서 숙박과 관련된 장소는 새로운 관광목적지역으로 구분하고 있다. 따라서 관광목적지역은 2가지 중요한 특성들이 나타나게 된다. 첫째, 관광목적지역의 경계는 여행패턴과 개인의 라이프스타일 특성과 연결된다. 둘째, 관광동기와 방문특성에 따라 관광목적지역의 규모는 크거나 작을 수 있고, 또한 중복되어질 수도 있다.

② 관광객송출시장

관광객 송출지역은 일상권의 잠재적 관광객들이 정주하는 지역이나 장소를 의미하는 단어이다. 관광객은 즐거움이나 재미를 지닌 독특한 것들을 경험하기 위해서 관광목적지를 선택하게 된다. 따라서 일상권에서 경험할 수 없거나 경험하더라도 다른 경험을 가능하게

끔 하는 대상을 찾아서 비일상권으로의 이동을 계획하게 된다. 잠재적 관광객의 관광동기에 해당되는 구체적인 목표가 비일상권의 관광목적지에서 관광객의 관광활동으로 표현되어진다. 따라서 관광계획가들은 관광객송출시장과 관광목적지는 상호의존적이기 때문에 관광목적지 계획시 관광객송출시장을 신중하게 고려하여야 한다. 세계관광시장의 트렌드에 주목하고 또한 시장분석을 하는 이유가 여기에 있다. 또한 관광마케팅 전략 수립시 STP(Segmentation, Targeting, Positioning)분석을 할 때 목표시장과 시장세분화 분석을 하는 이유도 관광목적지 경쟁력 제고를 통한 우위를 확보하기 위함임을 깊이 인식해야 한다.

③ 결절점

결절점(node)은 Kevin Lynch의 도시이론에서 인지도(cognitive map) 분석을 통하여 제시한 5가지 도시 구성요소 중 하나에 해당되지만 관광목적지역디자인모형에서 제시하는 결점점은 다른 정의를 가지고 있다.

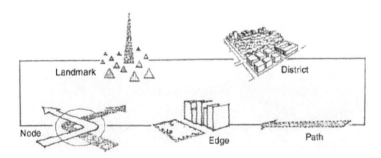

<그림 4> Lynch, K.(1960). The Image of the City. The MIT Press.

모형에서의 결절점은 매력물컴플렉스(attraction complex)와 서비스라는 2가지 상호의존적 요소로 구성되어있다고 가정하고 있다. 매력물컴플렉스는 관광객이 직접 방문하거나 방문을 고려하게끔 하는 시설로써 단위 매력물이 아닌 하나 이상의 시설들이 복합적으로 조성된 곳을 의미한다. 매력물컴플렉스는 지리학적 관점에서 공간이나 장소로써 영역성을 나타내고 있으며, 관광목적지의 인지도나 선호도, 관광객의 관광만족도를 제고시키는데 기여한다.

한편 서비스는 관광목적지내 숙박시설이나 식음료시설이나 편의시설 등 관광객의 활동을 지원하는 시설 등을 뜻한다. 따라서 관광목적지내 관광객 만족도를 극대화 시키는 데 있어 중요한 구성요소가 되기 때문에 그 목적지역 경제적 파급효과에 직접적으로 영향을 미치게 된다. 그러나 관광관광목적지 선택의 결정요소는 아니며, 보완적 특성을 지니게 된다.

일반적으로 관광목적지내 결절점의 위치는 관광목적지 계획 수립 시 가장 먼저 고려하는 핵심요소가 되며, 매력물간의 위상과 위계에 따라 관광객의 동선을 고려하여 계획대상지내 일정한 규모와 위치에 의하여 배분하게 된다. 또한 결절점은 관광매력물시스템 수준에 따라 위계성을 결정하게 된다. 1차 결절점은 비일상권의 잠재관광객의 관광동기를 유발시킨 핵심요소가 된다. 반면, 2차 결절점은 관광목적지를 결정할 때 부차적인 영향을 준 요소로서 중요한 동기부여는 되지 않지만(여행전 관광객에게 알려진) 의사결정에 영향을 미치는 부가적 요소가 된다. 그러나 2차 결절점은 유사한 관광목적지들의 리스트에서 최종적으로 관광목적지를 선택할 때 중요한 영향을 미치게 된다. 3차 결절점은 그 관광목적지를 방문하기 전에는 알려지지 않았던 요소로서 일단 방문 이후에 핵심요소로 인식되어지는 관광매력물들이 해당된다. 따라서 3차 결절점은 관광목적지의 방문 결정에 영향을 미치지는 않지만, 특히 개별관광객의 관광목적지에서의 체류기간에는 영향을 미칠 수 있다.

④ 지구(地區)

지구의 개념은 어떤 관광목적지에서 특별한 관광행태가 우세하게 나타나는 지역으로, 독특한 특징을 지닌 결절점이나 특정 구역으로 존재하게 된다. 관광목적지의 분위기는 이러한 지구내 관광매력물간의 응집력과 일관성, 동선 등에 의해 영향을 받게 된다. 지구의 존재는 관광목적지를 방문한 관광객들의 다양한 욕구와 기대를 충족시킬 수 있는 공간으로 인식된다. 우리나라의 관광목적지역 가운데 지구에 해당되는 관광특구의 경우, 1994년 8월 31일 최초 지정한 부산 해운대, 대전 유성, 강원도 설악, 제주도 4개 지정 이후 2018년 3월 현재 전국 13개 시·도에 31개소(2,636.47㎢)가 분포하고 있다.

<표 2> 관광특구 지정 현황(2018년 3월 기준)

지역	특구명	지정 지역(소재지)	면적(㎢)	지정일
서울 (6)	명동·남대문·북창	명동, 회현동, 소공동, 무교동·다동 각 일부지역	0.87	2000.03.30
	이태원	용산구 이태원동·한남동 일원	0.38	1997.09.25
	동대문 패션타운	중구 광희동·을지로5~7가·신당1동 일원	0.58	2002.05.23
	종로·청계	종로구 종로1가~6가·서린동·관철동·관수동·예지동 일원, 창신동 일부 지역 (광화문 빌딩~숭인동 4거리)	0.54	2006.03.22
	잠실	송파구 잠실동·신천동·석촌동·송파동·방이동	2.31	2012.03.15
	강남	강남구 삼성동 무역센터 일대	0.19	2014.12.18

부산 (2)	해운대	해운대구 우동·중동·송정동·재송동 일원	6.22	1994.08.31
	용두산·자갈치	중구 부평동·광복동·남포동 전지역, 중앙동·동광동·대청동·보수동 일부지역	1.08	2008.05.14
인천 (1)	월미	중구 신포동·연안동·신흥동·북성동·동인천동 일원	3.00	2001.06.26
대전 (1)	유성	유성구 봉명동·구암동·장대동·궁동·어은동·도룡동	5.86	1994.08.31
경기 (4)	동두천	동두천시 중앙동·보산동·소요동 일원	0.40	1997.01.18
	평택시 송탄	평택시 서정동·신장1·2동·지산동·송북동 일원	0.49	1997.05.30
	고양	고양시 일산 서구, 동구 일부 지역	3.94	2015.08.06
	수원 화성	경기도 수원시 팔달구, 장안구 일대	1.83	2016.01.15
강원 (2)	설악	속초시·고성군 및 양양군 일부 지역	138.2	1994.08.31
	대관령	강릉시·동해시·평창군·횡성군 일원	428.3	1997.01.18
충북 (3)	수안보온천	충주시 수안보면 온천리·안보리 일원	9.22	1997.01.18
	속리산	보은군 내속리면 사내리·상판리·중판리·갈목리 일원	43.75	1997.01.18
	단양	단양군 단양읍·매포읍 일원(2개읍 5개리)	4.45	2005.12.30
충남 (2)	아산시온천	아산시 음봉면 신수리 일원	3.71	1997.01.18
	보령 해수욕장	보령시 신흑동, 웅천읍 독산·관당리, 남포면 월전리 일원	2.52	1997.01.18
전북 (2)	무주 구천동	무주군 설천면·무풍면	7.61	1997.01.18
	정읍 내장산	정읍시 내장지구·용산지구	3.45	1997.01.18
전남 (2)	구례	구례군 토지면·마산면·광의면·신동면 일부	78.02	1997.01.18
	목포	북항·유달산·원도심·삼학도·갓바위·평화광장 일원(목포해안선 주변 6개 권역)	6.90	2007.09.28
경북 (3)	경주시	경주 시내지구·보문지구·불국지구	32.65	1994.08.31
	백암온천	울진군 온정면 소태리 일원	1.74	1997.01.18
	문경	문경시 문경읍·가은읍·마성면·농암면 일원	1.85	2010.01.18
경남 (2)	부곡온천	창녕군 부곡면 거문리·사창리 일원	4.82	1997.01.18
	미륵도	통영시 미수1·2동·봉평동·도남동·산양읍 일원	32.90	1997.01.18
제주 (1)	제주도	제주도 전역 (부속도서 제외)	1,809.56	1994.08.31

자료출처 : 문화체육관광부 관광기반과 내부자료

⑤ 순환루트

순환루트는 관광목적지역 매력물컴플렉스와 서비스 지원공간을
연결하는 관광객의 동선을 뜻한다. Lue등(1993)은 이러한 루트의
기능으로 관광목적지에서 관광객의 관광동기 구현을 통한 관광경
험의 극대화, 체재기간 동안 관광수익의 증대 등에 근거한 루트 조
성이 되어야 한다고 지적한다. 특히, 관광목적지내 다양한 이동행
태에 영향을 주는 요인으로, 관광매력물과 직접연계되어 이용성
제고 뿐만 아니라 서비스 품질에 대한 만족도 제고, 또한 관광목적
지역내 경관질(a quality of landscape) 제고, 교통수단의 다양성과
편리성 등에 관계된다. 또한 순환루트 디자인시 안내체계의 시각
적 품질제고를 위해 과학적인 signage 시스템의 도입이 고려되어야
한다.

자료출처 : maps.google.co.kr

<그림 5> 공중에서 본 순환루트

⑥ 관문

관문은 관광목적지로 이동하는 출입구 또는 이착륙의 공간이며, 공간적으로 영역성을 지닌 구조물의 형태를 지니기 때문에 서로 다른 관광목적지간 순환루트를 따라 다른 형태로 존재하기도 한다. 관광매력물로 접근하기 위해 출발점이 되기도 하고, 관광목적지내 관광활동의 종료를 알리는 종착점이 되기도 한다. 관문의 존재는 관광목적지의 물리적 기능과 더불어 관광객에게 심리적인 의미를 부여하는 상징성을 지닌다. 때로는 관문 자체가 관광목적지가 되기도 하며, 관광목적지의 매력물로 기능을 지니기도 한다. 기본적으로 관광목적지의 출발과 도착, 종착의 의미를 지니면서, 관광목적지 경관 형성에 중요한 역할을 한다. 따라서 관문은 형태나 규모, 위치 등 관광목적지 계획과 디자인에 있어 세심한 배려가 필요하다.

자료출처 : maps.google.co.kr

<그림 6> St. Louis 도시의 상징, Gateway Arch

제 3 장

피어, 해양관광의
매력으로 융합되다!

1. 왜 피어인가?

인간은 대지인 육지에 두발을 딛고 생존을 위해 자연과 주변환경을 개척하고 자신의 영역성(territoriality)을 넓혀가면서 자신의 정주공간을 땅 위에 만들어간다. 식(食)의 문제와 관련된 생존을 위해 육지의 일상권에서 수확한 채소나 육류가 먹거리로써 지속적인 공급이나 확보가 난관에 직면했을 때 새로운 먹거리를 찾아서 바다를 향했을 것이다는 가설을 전제로 아래의 생각을 해보았다.

인류역사상 최초로 바다를 보았던 자가 누구인지 알 수 없으며, 최초로 바다에서 수확한 것이 무엇있었는지 알 수 없으며, 최초로 물고기를 잡았던 자가 누구인지 알 수 없으며, 최초로 바다에 배를 띄웠던 자가 누구인지 알 수 없으며, 그 배가 어떤 목적으로 바다에 띄웠졌는지 알 수 없으며, 바다끝으로 가면 폭포처럼 떨어질 것이다라는 생각이 지배적이었던 시대에 최초로 육지가 보이지 않을 만큼 먼곳으로 배를 타고 간 사람은 누구이었는지 알 수 없다. 최초의 피어의 원형은 어떠하였는지 알 수 없으며, 최초의 피어가 어디에 있없는지 알 수 없지만, 바다와 그리고 바다를 향한 인류의 노력의 산물로써 피어가 만들어졌을 것이며, 알 수 없는 누군가의 노력과 희생이 수없이 축적된 바 제 기능과 모습을 갖춘 피어로 발전되면서 현대적 피어가 탄생 했으리라.

피어는 일상권에 정주하는 인간이 비일상권의 바다를 향한 노력의 결정체가 인공구조물로 표현된 것이다. 피어는 미지의 영역인 바다를 향한 인간의 진취적인 도발점 같기도 하고, 때로는 바다에서 육지로 들어오는 선원의 안식처로 인도하는 쉼터 같은 곳이기도 하다. 피어는 바다라는 대자연을 향한 인간노력의 산물이다.

피어의 역사는 끊임없는 바다를 향한 인간의 도전이었고 저항의 표현이었다. 끝없이 밀려오는 파도 그리고 그 파도에 묻어오는 소금기, 해양의 돌발적인 기상변화, 해류에 의한 침식, 이런 영향 아래 버티고 서 있는 피어는 분명 불굴의 인간의지를 시험하는 대상이었다. 때로는 염해와 바닷물로 인해 훼손되기도 하고, 큰 파도나 해일, 지진에 의해 파괴가 되기도 하고, 지나가는 선박에 의해 부딪혀 파손되기도 하지만 그때 마다 피어는 새롭게 모습을 갖추고 연안의 해안가에 거주하는 사람들에게 꿈과 희망을 주는 상징물로 거듭나곤 했다.

오늘날 피어는 새로운 기능과 형태를 갖추면서 해양을 향한 인간의 다양한 욕구와 욕망을 표현하는 대상이 되고 있다. 이전에는 교통 또는 물류기능을 주로 담당했던 피어가 오늘날 인간을 위한 놀이(amusement)의 대상이요, 걷고 싶은 공간이요, 떠나고 싶은 비일상으로의 탈출구로 자리매김하고 있기 때문이다. 피어는 이제 비일상권의 관광목적지로서 새로운 해양관광매력물로 부활하고 있다.

2. 피어의 개념[32]

<그림 7> 오크랜드 피어

피어는 건축적 측면에서 하부의 기둥(조수간만의 차이로부터 보호)에 지탱되는 상부의 평면 구조물로써 연안육역에서 연안해역의 해상방향으로 돌출된 인공구조물이다. 피어는 놀이공원, 낚시, 산책, 선박의 정박 및 요트 계류, 또는 방파제 등의 주요 기능을 수행한다. 영어권에서는 pier라고 사용되지만, 영국이나 그 외 지역에서는 jetty, dock, wharf라는 단어와 유사하게 사용된다.

피어는 일정한 간격으로 해안가에 설치된 파일이나 기둥에 의해 지탱되는 구조물이지만 그 자체가 교량(bridges)이나 건축물, 보도(walkways) 등으로 이용되기도 하며, 때로는 섬을 연결하는 기능도 한다. 피어의 상부인 상판의 재료(materials)로는 목재로부터 콘크리트까지 다양하다. 규모는 수십 미터에서 수천 미터에 이르

---

32) (자료출처 : 양위주(2018). 해양관광. 한올출판사) 기반으로 재작성된 내용임.

기까지 길이는 다양하며, 상부의 구조물 형태도 매우 다양하게 존재 한다.

피어 건축의 목적은 지역에 따라서 다양하다. 일반적으로 pier는 북미지역이나 호주에서는 항만(port)을 구성하는 부두(埠頭)로써 입항 또는 출항하는 선박으로부터 화물을 선적 또는 하역하는 장소의 의미로 사용하였다. 반면, 유럽에서는 동일한 기능을 수행하는 장소로 port를 사용하고 있다. 유럽에서 pier의 의미는 빅토리아 양식의 오락기능을 수행하는 피어(pleasure pier)로써 이미지가 강하게 남아 있다.

일반적으로 pier의 유형은 4가지로 분류할 수 있다: working pier, fishing pier, promenade pier, pleasure pier. 워킹피어(working pier)의

자료출처 : maps.google.co.kr

<그림 8> working pier

용도와 관련하여 주로 선박이나 요트계류장 등으로 선박의 화물을 위한 선적이나 하역을 위한 지원공간 또는 승객의 승선과 하선을 지원하는 공간으로 사용된다. 한편 상부의 경우, 육상에서 확장된 주차장, 여객터미널, 전차선로, 전철역, 보행자 통로, 창고(stroage) 등 형태로 육상의 부족한 공간을 연안해역 방향으로 확장시켜 도심의 교통환승이나 물류기능을 지원한다.

피싱피어(fishing pier)는 Fishing(낚시)과 Pier(피어)의 합성어에 해당된다. 연안육역으로부터 연안해역에 이르기까지 바다 방향으로 돌출된 다리(잔교)를 설치하여 상부 공간에서 바다낚시를 지원해주는 편의시설 등을 설치하여 해양관광기능을 수행하는 매력물로 존재한다. 피어는 해상 인공구조물로서 매력물의 다양성 관점에서 좋은 대안이지만, 시설의 안전성 및 환경오염 문제 등을 고려한다면 초기투자와 시설운영과 관련된 유지보수를 생각하며 단순한 피싱피어는 신중히 접근할 필요가 있다.

자료출처 : maps.google.co.kr

<그림 9> 피싱피어

자료출처 : www.tripadvisor.co.nz

<그림 10> 미국 캘리포니아 ventura pier

Promenade pier의 주요 기능은 해변으로 산책을 유도하는 유보도 공간으로 쉼과 휴식 제공이 주가 되는 장소이다. 편의시설로는 상판에 의자가 조성되어 있는 정도이며, 야간의 산책을 위해 상부에 가로등이 조성되어 있다. 특히, 일몰시간에는 해넘이를 보는 경관 포인트(scenic point)로서 지역의 랜드마크 역할을 하며, 때로는 해양생태계를 관찰하는 장소(고래나 돌고래 관찰)로 알려져 있어 지역의 해안경관을 구성하는 중요한 경관점 역할을 수행한다.

플레져 피어(Pleasure pier)는 피어 상부에 놀이공원(amusement park)을 유치하여 명실공히 해양관광목적지가 된 형태이다. 육상에 위치한 놀이공원과 달리 해양경관을 배경으로 하고 있어 육지와 바다의 경험에 대한 공유가 동시에 가능하며 장소적 측면에서 경쟁력을 지닌다고 할 수 있다. 특히 플레져 피어조성과 관련하여 상대적으로 육상에 놀이공원 조성으로 인한 지역주민과의 사회적 환경적 갈등은 적지만,

조성 이후 염해와 파도에 의한 해양환경의 변화에 대응하기 위해서 육상에 입지한 놀이공원과 달리 더 세심한 관리가 요구되며, 이로 인해 고비용이 초래될 수 있다. 최근 ICT기술의 접목과 더불어 다양한 유형의 놀이기구와 시설이 도입되어 지속적 방문을 유도하고 있다. 그러나 2018년도 현재 우리나라에는 플레져피어가 존재하지 않는다.

자료출처 : www.pleasurepier.com(Galveston Island Historic Pleasure Pier, Houston, TX

<그림 11> pleasure pier

본 서의 사례분석 대상이 되는 피어는 해양관광 대상으로써 다음과 같은 기본적 구성요건을 충족하는 것으로 하였다.

첫째, 단위시설로서 관광매력물, 복합시설로서 관광목적지의 기능을 제공하는 관광적 가치의 소유여부

둘째, 관광객 소비에 직간접 영향을 끼치는 관광시설의 존재

셋째, 지역의 해양관광매력물로서 해양경관을 구성하는 공공성의 여부

넷째, 공공디자인의 관점에서 해양 및 지역환경을 반영한 창의적
    인 공공 디자인의 반영 여부
다섯째, 피어의 존재로 인한 지역경제 활성화 및 지역경제 영향력
여섯째, 지역의 역사와 문화를 반영하여 지역의 이미지 제고와 정
    체성 확립에 기여

3. 공공디자인과 피어

세계 해양도시들은 도시경쟁력 제고를 위해 도시이미지를 높일
방안을 찾고, 실제 도시공간에 접목시키고 있다. 이러한 도시의 역
동적인 트렌드에서 도시계획의 수단적 대안으로 도시디자인이 대두
되고 있다. 특히, 도시매력의 대상이 건축물에서부터 공공공간인 가
로, 광장, 공원 등의 복합대상으로 확대되면서 공공디자인(Public
Design)의 중요성이 부각되고 있다.

그러나 공공디자인의 일부가 되는 해양공간은 인간의 활동성이
많이 발생하는 주간 동안의 특정 공간에만 디자인의 방향이 고려되
어 왔다. 해양도시의 특정공간이 해양관광목적지화되면 방문하는 관
광객에게는 24시간 연결된다. 관광활동의 시간대가 확장되면서 해
양공간은 시간적 관점에서 야간경관 관리차원에서도 중요한 관광매
력물로 인식되고 있다.33) 해양공간에서 주간뿐만 아니라 야간의 활

---

34) 야간경관을 나타내는 Nightscape는 어원에서도 찾아 볼 수 있듯이 '밤'이라는 Night와 원래의 것
   을 조작하여 새로운 것을 형성한다는 의미의 'shape'에서 유래한 'scape'라는 단어가 합성되어 만
   들어졌다. 따라서 Nightscape 용어에는 의도적인 조작이나 연출성의 개념이 내재되어 있다(이지은,
   2009). 최근에는 Lightscape라는 용어도 사용되고 있는데 위의 Nightscape라는 용어와 연관하여 볼
   때 인공적 조명을 사용한 의도적 경관연출로 해석할 수 있다.

동을 지원해주는 다양한 시설과 장소 제공은 해양관광목적지 경쟁력과 연결된다. 이로 인해 세계 해양도시들은 해양관광 진흥을 위해 야간경관 제고와 관광매력물 조성에 많은 노력을 기울이고 있다. 해양도시의 변화는 도시의 다른 모습을 경험할 수 있는 기회를 제공하기 때문에 관광목적지로서 해양도시의 유용성과 활용성 제고 차원에서 뿐만 아니라 도시의 브랜드 가치를 상승시키는데도 기여하고 있다. 이는 해양도시가 관광목적지로서 매력과 경쟁력 제고를 위한 노력으로 해양경관관리와 관광매력물을 고려한 물리적 기반에 공공디자인 도입이 매우 중요하다는 것을 의미한다.

자료출처 : www.dezeen.com/2016/05/03/heatherwick-pier-55-park-begin-construction-new-york-hudson-river

<그림 12> Heatherwick's Pier 55

해양관광매력물로서 피어는 해양도시의 해양경관제고를 위한 관광매력물로서 도시민에게 뿐만 아니라 방문하는 관광객에게 관광목적지 체류시간 증대를 통한 관광활동의 다양성과 관광체험의 만

족도 제고를 통하여 전반적인 해양관광목적지 경쟁력 제고에 기여
할 것이다.

1) 공공디자인

급속한 도시화는 개인의 생활공간과 병행하여 공공장소의 중요성
을 부각시켰다. 이 과정에서 도시의 공공공간은 도시민을 위한 편의
성과 쾌적성을 제공하는 중요한 우선 대상이 되었다. 이러한 과정에
서 공공디자인의 개념이 생겼다. Cary와 John(2012)은 공공디자인을
도시가 지닌 생태적, 경제적, 사회적 문제를 지속가능한 디자인을
통하여 해결하는 설계, 구조 및 시스템에 중점을 두고 도시 경제발
전과 환경보전을 중심으로 발전한 인간 참여형 디자인의 한 방법이
라고 했다. 미국의 경우, 1968년 미국건축가협회(American Institute
of Architects, AIA)에서 시작하여 공공디자인[34]이 성장 및 발전하기
시작했다고 할 수 있다.[35] 도시의 공공공간이 정주 및 생활공간으로
서 도시민과 방문하는 관광객을 위한 편의성과 더불어 쾌적성이 제
공되어야만 한다는 디자인적 철학이 도시관리와 개발에 우선순위
(priority)가 되면서 공공디자인의 개념이 생겨나게 된 계기가 되었
다. 반면, 유럽의 공공디자인은 도시 공간의 질적 가치를 평가할 때,
도시 정체성(urban identity)을 공공디자인이 얼마나 담고 있는가에
그 초점이 맞추어져 있다[36]고 할 수 있다. 이는 도시관리 목표로 공

---

34) 공공디자인은 도시가 지닌 생태학적, 경제적, 사회적 문제를 지속가능한 디자인을 통하여 해결하는
　　설계, 구조 및 시스템에 중점을 두고 도시 경제발전과 환경보전을 중심으로 발전한 인간 참여형 디
　　자인의 한 방법이다. Cary, John., Infographic: Public Interest Design. PublicInterestDesign.org.
　　Retrieved 23 October. 2012.

35) Leavitt, Jacqueline; Kara Hoffernan, Mary C. Hardin(2006). Edited from the Studio to the
　　Streets: Service Learning in Planning and Architecture. Sterling, VA: Stylus Publishing. 103.

36) 독일 보익커의 연구에 의하면 공공디자인을 도시의 질을 향상시키기 위한 수단으로 인식하였으며,

공디자인의 구현이 기본적 전제가 됨을 보여준다고 할 수 있다. 한편, 우리나라는 공공디자인을 공공기관이 조성·제작·설치·운영 및 관리하는 공간·시설·용품·정보 등의 심미적·상징적·기능적 가치를 높이기 위한 계획·사업 또는 행위와 그 결과물로 말한다.[37] 우리나라에서 공공디자인은 최근 공공적 차원에서 도시정책적 차원에서 벗어나 창의적인 도시공간으로의 변화에 기여하고 있다.

따라서 공공디자인은 단순히 아름다움과 쾌적한 환경으로 제한된 개념이 아니라 사람을 생각하고, 도시의 미래를 생각하며, 환경을 생각하는 것이다. 아울러 공공디자인의 대상은 도시의 규모나 관심사에 따라 시설물에 국한하거나 도시의 거시적 경관까지 포함시키는 경우도 있어서 다양하게 고려되는 추세이다.[38]

일본 요코하마 도시디자인은 요코하마 21세기 플랜(1981)이 책정되고 도심부 강화사업의 일환으로 '미나토미라이 21' 프로젝트 등 구시가지를 현대식으로 바꾸는 변화에 기여하였다. 이 과정에서 공공디자인의 방향을 문화 예술 창조도시로 창의성과 보존성의 평가체계를 확립하고, 참여성과 균형성을 강조하였다.

도시공간에서 특히 해양관광목적지에서 공공디자인의 개념이 도입되어야 하는 이유는 관광목적지에서 관광활동의 극대화를 유도하기 위해서 공공디자인 평가요소가 관광매력물에 이식되어야만 하기 때문이다. 관광목적지가 모두 직면하고 있는 체류시간의 증대는 기존

그 중심에 도시의 정체성이 자리 잡고 있다고 하였다.

37) 문화체육관광부(2005)의 '디자인문화원 설립 기본 방향연구'에서 공공디자인 대상을 도시경관(일정한 공간단위의 통일적 외관), 공공건물, 도로, 개방공간(공원, 광장, 녹지 등), 역사공간, 특별지역, 도시색채계획, 야간조명계획으로 제시하고 있다.

38) 문화관광체육부의 디자인문화원 설립 기본 방향연구(2005)에서 공공디자인 대상을 도시경관(일정한 공간단위의 통일적 외관), 공공건물, 도로, 개방공간(공원, 광장, 녹지 등), 역사공간, 특별지역, 도시색채계획, 야간조명계획으로 제시하고 있다.

관광활동의 주요시간대를 야간시간대까지 확장시키는 방법이다. 이러한 전략적 접근에 가장 중요한 개념이 공공디자인의 개념이 된다. 공공디자인은 개별 관광매력물 뿐만 아니라 관광목적지 전체에 적용하므로 경관적 차원에서 영역의 개념으로 인식되어 공공디자인을 더욱 더 확장 시킬 수 있다. 세계 각국의 해양도시들이 해양관광광 진흥을 위해 해양경관 제고를 위해 공공디자인을 도입하는 것과 같은 이치이다. 해양도시의 해양경관에 대한 이러한 인식의 변화는 도시의 정체성을 확보하여 도시 자체가 개성을 발현하므로 관광동기을 부여할 기회를 제공하기 때문에 해양관광을 통한 도시의 유용성과 활용성 제고 차원에서도 해양도시의 브랜드 가치를 상승시키는데도 기여한다. 도시가 해양관광목적지로서 매력을 갖추기 위해서 해양경관에 공공디자인 요소의 도입은 해양도시 경쟁력 제고와 해양관광에서 중요한 관광전략이 된다. 공공디자인은 그 자체로도 강력한 브랜드가 되며, 해양경관과 연관되어 해양관광목적지 전체의 이미지를 더 효과적이고 쉽게 사람들의 머리 속에 각인시키는 역할을 할 것이다.

2) 공공디자인 요소

먼저 피어에 대한 해양관광매력물로서 가치를 인식하기 위해 피어를 공공디자인적 관점에서 접근하고자 한다. 공공디자인은 도시의 규모나 주요 철학에 따라 그 대상은 도시의 구성요소인 건축물, 공원에 적용된 바가 많았지만, 최근 도시경관 까지 그 범주에 포함시키는 등 광범위한 개념으로 적용되고 있다. 또한 세계각국의 도시들이 더 많은 관광객을 유치하여 지역경제 파급효과를 극대화하기 전략적 차원에서 도시관광에 대한 중요성에 주목하는 바 특히 해양도시의 경우, 다양한 관광매력물 개발에 공공디자인의 개념을 이식시키는 것을 볼 수 있다.

디자인 요소는 경관평가에 있어서 이용자들이 명확히 지각할 수 있는 가시적 요소로서 건축미, 색상 등의 미적 요소와 레이아웃 등의 기능적 요소를 지칭한다. 따라서 디자인 요소는 서비스 환경에 대한 긍정적인 시각을 형성하고 물리적 환경에의 접근행동을 자극할 수 있으며, 비가시적인 요소에 비해 보다 큰 영향력을 행사하게 된다. 이러한 디자인 요소는 시설물의 미적 요소에 해당되며, 이들은 물리적 환경의 매력도를 증가시키는데 기여하게 된다. 선행연구에 의하면 디자인 평가요소는 장소나 서비스에 대한 이용자의 지각과 태도에 영향을 미치는 것으로 나타났다(황희연, 2008). 디자인 평가 요소로서 기능성, 심미성(Archer, 1974; 이재원, 2002)과 상징성(구자열, 1998; 박영순, 1985) 등을 제시하였다(최인혁 외 2인, 2001).

공공디자인 평가요소와 관련한 주요 연구결과로는 영국의 DQI (Design Quality Indicator)[39]가 있다. 이는 2010년 이후 영국의 공공건축에 대해 접근성, 활용성, 통합성, 커뮤니티, 시공성, 기능성, 쾌적성, 경관성 등의 평가항목을 적용한 것으로 나타나고 있다. 또한, 영국 CABE(Commission for Architecture and the Built Environment)의 스페이스 셰이퍼(Space shaper)는 공공공간의 질을 향상시키기 위한 디자인 리뷰와 컨설팅을 통하여, 접근성, 활용성, 통합성, 커뮤니티, 시공성, 기능성, 쾌적성, 경관성 등의 평가체계를 제시하고 있다.

한편, 우리나라의 공공디자인을 주도하고 있는 서울시의 경우 디

---

39) DQI는 1997년 건설산업혁신의 일환으로, 건설산업위원회인 CIC(Construction Industry Council) 가 개발한 건축을 위한 디자인 품질 평가지표

자인 서울 가이드라인과 서울시 공공디자인 평가시스템을 통하여 기능성, 안전성, 질서, 환경성, 효율성으로 나누어서 평가하고 있다. 또한 최근에 수행된 우리나라의 공공디자인의 변천사 및 현황분석 에서는 공공디자인 평가요소를 필요성, 안전성, 기능성, 관리성, 통일성, 심미성, 사회통합성 7가지로 선정하여 분석하였다. 최재원 (2009)은 공공디자인을 심상적 구상, 기능·형태적 구성, 물리적 구성으로 크게 나누고 공공성, 심미성, 쾌적성, 여유성, 형태인자, 기능인자, 건축물, 도로, open space, 간판, 가로시설물, 식재/조경으로 세분화를 제시하였다. 또한 백승경(2009)[40]은 커뮤니티, 지역정체성, 안전성, 심미성을 평가요소로 하여 공공공간을 조성하는데 있어서 우선적으로 고려해야 할 사항들을 분석하였다. 곽동화(2011)는 공공디자인 및 경관디자인이 공공의 성격이 짙은 분야로써 경관의 가치를 심미성, 역사적 정체성, 보편성, 쾌적성, 일상성, 시간성, 지속가능성 등으로 분석하였다. 허진하(2012)의 연구에서는 영국의 CABE의 Space shaper, 미국의 PPS(Project for Public Spaces), 영국의 DQI의 사례를 중심으로 접근성, 활용성, 지속가능성, 지역정체성, 경관성, 보편성의 평가요소를 사용하였다. 이상의 연구결과를 볼 때 공공디자인 심미성, 안전성, 식별성, 지역정체성, 쾌적성, 보편성, 복지성 등을 대표적 평가요소로 추출할 수 있다. 따라서 해양관광매력물 평가에도 이러한 평가요소를 적용함으로 공공디자인적 관점에서 해양관광목적지의 매력물을 '바라보는' 전환점이 가능하리라 본다. 이러한 이유가 본서를 통하여 해양관광목적지의 관광매력물로서 피어를 공공디자인 요소로써 보고자 한다.

---

40) 백승경(2009). 생태적으로 지속가능한 공공공간 디자인 체크리스트에 관한 연구, 홍익대 대학원 박사학위 논문.

4. 도시 이미지(urban image)와 피어

1) 도시이미지, 피어

Boulding(1956)[41]은 도시이미지를 특정 도시에 대한 사람들의 주관적인 마음의 세계이며 경험의 종합적인 결과라고 했다. Allport (1979)[42]는 도시이미지를 집단에 의한 이미지가 도시 또는 도시민을 대상으로 형성된다고 하였다. Lynch(1960)[43]는 'The Image of the City'에서 도시이미지는 시각적 이미지를 가져야하며, 사람들에 의해 이미지화되는 것이라고 하였다. 한은실 외(2005)[44]는 도시이미지가 시민들의 반복적인 행동이나 실리적인 요인이 작용하여 복합적인 특성을 갖는 모습으로 만들어진다고 하였다. 김철수(2006)[45]는 도시이미지가 직접적인 장소의 체험이나 시각적인 특징 뿐만 아니라 TV, 인터넷, 신문 등의 매체를 통해 간접적으로 학습되어 영향을 받기도 하고, 도시의 개별적 부분들이 갖는 이미지가 총체적으로 결합하여 형성되기도 한다고 하였다.

Kotler(1993)[46]는 지역이미지에 관한 연구를 통해 특정 공간인 장소를 명확히 파악하기 위해 장소의 구성요소를 물리적 구조, 사회간접자본, 도시공공서비스, 도시 매력성으로 분류했다. Kotler & Gertner(2002)[47]는 국가의 제품과 서비스, 투자, 기업 관광객을 유

41) Boulding, K. E.(1956). The Image, University of Michigan. Ann Arbor, MI.

42) Allport, G. W.(1979). The Nature of Prejudice, Cambridge : Addison-Wesley.

43) Lynch, K.(1960). The Image of the City, M.I.T, Press: Cambridge, MA.

44) 한은실·박상필·김기호(2005). 서울의 물리적 이미지요소 해석, 도시설계, 한국도시설계학회, 7(1), 23-36.

45) 김철수(2006). 도시공간의 이해, 기문사.

46) Kotler, P.(1993). Marketing Places : Attracting Industries, and Tourism to Cities, States, and Nations, New York : Free Press.

47) Kotler, P., & Gertner, D.(2002). Country as Brand, Product, and Beyond: A Place Marketing

치할 수 있는 능력이 태도에 미치는 영향을 분석하여 국가이미지의 전략적 마케팅 관리의 역할을 평가했다. LIU & LIU(2006)[48]은 관광활동에 영향을 주는 지리적, 역사적, 문화적 특성을 나타내는 도시이미지에 대해, 도시경관의 시각적 구성요소를 측정하였다.

도시이미지 관련 국내 선행연구로써 박경애(2004)[49]는 도시이미지를 경제수준, 시민성, 발전가능성, 보수성의 4가지 요인으로 추출하였다. 고민석(2005)[50]은 도시이미지의 결정요인을 도시인상, 감정정도, 선호 등 장소마케팅 개념을 중심으로 제시하였다. 서운석(2005)[51]은 서울을 대상지로 선정하고 북경에서 인식하는 서울의 도시이미지를 인상정도, 호감정도, 인지정도 세 가지로 구분했다. 김훈 외(2007)는 도시이미지의 영향요인을 추출하고 도시규모별 결정요인을 비교 및 분석하여, 도시이미지와 관광목적지 선택간의 긍정적 상관관계를 확인하였다. 윤호(2011)는 도시이미지 향상을 위한 도시이미지 결정요인(역동적·개방적·정적·미지적 이미지)과 만족도간의 인과관계를 규명하였다. 이주한·김흥순(2013)의 연구는 서울 시민들이 인식하는 도시이미지 평가모형을 제시하고 평가모형의 검증을 통해 도시이미지에 영향을 주는 구성요인(도회적·발전적·호의적 이미지)들의 영향관계를 보여주었다. 강혜숙·문정인(2013)은 도시이미지의 속성을 즐거움, 재미, 정겨움, 흥미, 매력성 등과 그 외 도시속성과 관련된 항목

and Brand Management Perspective. The Journal of Brand Management, 9(4), 249-261.

48) Liu, B. Y. & Liu, Q.(2006). Urban Landscape Planning which Serves City Tourist Image: A Case Study in Nanjing City. Resources and Environment in the Yangtze Basin, 15(2), 164-168.

49) 박경애(2004). 국가이미지를 응용한 도시이미지 연구 : 대구시를 중심으로, 한국지역지리학회지, 10(1), 96-109.

50) 고민석(2005). 도시이미지 결정요인에 관한 연구 : 장소마케팅 개념을 중심으로, 전남대학교 대학원 박사학위 논문.

51) 서운석(2005). 서울의 도시이미지와 구성요인의 영향관계에 대한 연구 : 중국 대학생을 대상으로, 서울학연구 26, 203-226.

을 추출하여 만족도와 재방문 의도와의 영향관계를 분석하였다.

본서에서는 해양관광목적지의 매력물인 피어가 해양관광목적지 이미지에 영향을 주며, 전반적으로 해양관광목적지 재방문율 제고에 기여하는 대상으로 인식하고 있음을 밝힌다.

2) 관광목적지 이미지와 피어

이미지란 인간이 어떤 대상에 대해 '머리 속에 가지고 있는 영상'(Lippmann, 1992)으로 개인이 어떠한 목적지나 대상에 대하여 가지고 있는 지식, 인상, 편견, 상상, 감정적 사고의 표현으로 정의할 수 있다(Lawson·Baud-Bovy, 1977). 이미지는 소비자에 의해 형성되는 장소·상품·경험에 관한 시각적·정신적 인상으로 보았다(Pizam·Milman, 1995). 이러한 이미지에 대한 대상이 관광목적지가 되면 관광목적지에 대한 이미지가 형성된다. 관광목적지의 이미지 형성과 관련해서는 Gunn(1972)의 연구에서 개념화되기 시작하여 최근의 인지적 및 정서적 이미지에 관한 연구에 까지 다양하게 시도되었다.

일반적으로 관광목적지 이미지는 인지적·정서적·행동적 요소들이 계층적으로 상관되어 전개되는 것으로 나타났다. 인지적 이미지 요소는 관광목적지에 대한 개인이 가지고 있는 지식이나 신념 등의 성질, 태도 등을 의미하는 것(Baloglu·McCleary, 1999; Pike·Ryan, 2004)이고, 정서적 이미지 요소는 관광목적지에 대한 생각, 느낌을 반영한다(Chen·Hsu, 2000). 노정희(2008)는 관광목적지 이미지의 측정은 인지적 이미지와 감정적 이미지를 동시에 측정하지 않는 한 정확히 측정될 수 없다는 결과를 제시하였다. 최근에는 인지적 및 정서적 관광목적지 이미지와 관련된 연구가 주로 진행되고 있다고 할 수 있다(현용호·홍선영·오홍철, 2007).

한편, 관광목적지인 장소의 이미지는 관광객 행동에 영향을 미친다고 하였다(김명희·강인호, 2007). 그러므로 긍정적 관광목적지 이미지는 대상 관광목적지에 대한 재방문을 증가하게 하며, 관광목적지 이미지와 선호도 또는 방문의도 간에는 긍정적인 상관관계를 형성하게 된다고 하였다(Mayo & Jarvis, 1975). 그러므로 본서에서는 해양관광목적지의 관광매력물인 피어가 해양경관이 이미지 제고를 통한 긍정적 이미지 창출에 기여하여 해양관광목적지 경쟁력 제고에 기여하는 것으로 보았다.

5. 관광목적지로서 피어

해양국가는 환경적 특성에 따라 지역에 고유한 문화적 특성을 반영하면서 다양한 라이프스타일을 수용하여 독특한 해양문화를 영위하고 있다. 이러한 지역적 기반의 해양문화는 지역마다 고유한 하위문화를 나타내면서, 그 독특성이 문화경쟁력를 형성한다. 오늘날 피어는 세계해양관광시장에 다양한 해양문화관광목적지로 인식되어 관광객을 부르고 있다. 피어는 해양관광시장에서 새롭게 주목하고 있는 매력물이요 관광목적지로 거듭나고 있다.

1) 관광목적지개발 모형[52]

관광목적지 개발계획수립은 일반적인 물적계획에 의한 기본계획 수립과는 다소 차이가 있다. 특히, 해양관광적 측면에서 관광목적지를 보는 것은 새로운 관광개발모형의 필요성을 제시한다. 기존 관광개발 모형에 관한 대표적인 연구로써 인식론적 연구에 기반을 둔 공간론과 조직론을 검토해보고자 한다. 전자의 경우는 관광목적지를 물적계획 대상으로 관광계획을 이해하며, 관광목적지 개발을 위한 종합계획으로 인식한다. 관광목적지를 방문하는 관광객에게 적절한 관광체험과 서비스 제공을 도모하기 위한 총체적 수단, 또는 의사결정과정으로 인식한다(鈴木과 渡辺, 1984). 따라서 공간론적 관점에서 관광목적지란 관광객의 편익을 고려한 시설조성을 우선 목표로 하며, 개발로 인한 지역 파급효과가 관광개발의 지리학적 공학적 범위로 이해된다.

반면, 후자인 조직론적 관점의 경우, 관광목적지 계획을 비물적계획으로 이해한다. 경영학의 기반위에 관광목적지 전체를 관광산업과 연관된 유기적인 조직체로 인식하면서 관광목적지를 지역사회와 연관된 지역자원으로 인식하고 있다(Mill과 Morrison, 1985). 따라서 시스템이론(the systems theory)에 기초하며, 관광목적지는 상위-하위 시스템간의 기능적 연계성으로 인식된다. 관광매력물시스템(Toutist Attraction System)모형과 관광목적지역 디자인모형(Tourist Destination Region Design)이 조직론적 관점으로 이해할 수 있다(양위주, 2000).

먼저, 관광매력물 시스템모형은 관광목적지를 하나의 관광매력물 시스템으로 인식하며 관광매력물은 전체 관광시스템의 하부구조에

---

52) 양위주 외2인(2013). 스토리텔링기반형 PLA관광목적지개발모형에 관한 개념적 연구, 동북아 문화 연구 36, 117-133를 인용하여 재작성하였음.

해당하는 하나의 시스템으로 간주한다(Getz, 1986). 관광매력물시스템론과 관련하여 Lundberg(1985), Gunn(1979, 1980)과 Lew(1987)는 관광목적지 개발과정에서 관광매력물의 중요성을 강조하였다. 이 이론은 관광목적지의 결절점(node)에 대한 방문 패턴과 본질을 이해하는데 유용성이 높다고 할 수 있다(양위주, 2000). 한편, 관광목적지역 디자인모형은 Dredge(1999)가 제시한 것으로 시스템론적 접근방법에 기반하되 관광목적지를 대상으로 한 개발계획수립과 디자인을 위한 공간모형에 해당된다. 특히, 본 모형은 다른 관광목적지의 유형에도 적용가능하도록 상징체계를 도입하여, 목적지역, 관광객 송출시장, 결절점, 지구, 순환루트, 관문 등 6개의 디자인 구성요소를 제시하였다. 이 모형은 관광동기가 비즈니스 여행이나 친지방문보다는 순수관광이 우세한 관광목적지에 적합한 것으로 밝혀졌으며, 전반적으로 관광목적지역의 공간구조를 이해하는데 상당한 설득력을 지녔다고 할 수 있다.

본 서에서는 피어를 관광매력물시스템론적 관점에서 핵심요소로 보고자 하며, 관광목적지역 디자인모형에서는 단위 매력물의 차원을 넘어, 목적지역으로 인식하였다. 이는 기존 피어가 지닌 단순한 기능을 넘어서 융합적 관점에서 해양관광목적지로써 다양한 단위 매력물을 갖춘 복합공간이요 복합관광목적지로의 인식적 전환을 전제로 하고 있음을 밝힌다.

2) PLA 관광개발모형과 피어

앞서 인식론에 기반을 둔 시스템론적 연구방법을 기초로 본서에서는 PLA 관광개발모형을 통해 피어를 접근해 보았다. 이 모형은 기본적으로 관광목적지의 공간구조를 차지하는 관광대상을 점(point), 선(line), 면(area)의 개념으로 장소를 파악한다(박영아·양위주, 2008). 관광목적지는 물적대상 뿐만 아니라 비물적대상을 포함하므로 관광목적지는 이러한 대상들이 그물망처럼 유기적인 연결체계를 유지할 때 경쟁력이 제고되어진다. 그러므로 이 모형의 기본전제가 되는 관광대상은 관광매력물로서의 가치를 지니게 된다. 세계 각국의 해양도시에 위치한 피어를 PLA모형을 적용할 때, 때로는 point로서 점적인 대상으로, 때로는 해변에 돌출한 단순한 선적 대상으로, 때로는 다양한 복합적 관광기능을 수용한 면적 대상으로 인식하고자 한다. 따라서 본서에서는 해양관광매력물인 피어를 이러한 점-선-면적 관점에서 분석하였다.

(1) 점, point

특정 지역의 공간에 위치한 단위 자원(unit resource)으로 그 자체가 유인력과 관광가치를 소유한 관광대상으로 단위 관광매력물에 해당된다. 해당 자원은 그 지역의 인문사회적 환경과 연계된 장소성과 역사성의 의미를 내포하고 있지만 해당 지역에서 차지하는 공간적 규모는 크지 않다. 지역 내 다른 특성을 지닌 자원들과 물리적 거리로 구분되어 있기 때문에 비가시적 상호 영향관계를 유지할 수 있다. 또한 그 자체가 독립된 개체로 독특성과 지역성을 지닌 관광매력물로 존재한다. 이러한 특성을 지닌 대상을 공간적 관점에서 포인트의 개념을 부여하게 된다. 대부분의 경우, 실제 해양도시의 경우, 해변에 돌출된 구조물로 존재한다. 피어의 상부에는 피어가 지닌 단순 기능만 주로 수행하게 된다.

또한 규모의 경제적 관점에서 장소가 지닌 한계성으로 인하여 관광승수효과가 발생하나 지속적 관광객은 유입은 어려운 설정이다. 정책적 대안으로서는 점적 매력물인 피어를 주변의 다른 관광매력물과 연계한 관광전략이 요구된다고 할 수 있다. 또한 동일한 권역 내 선적 요소에 해당되는 관광매력물과 연결시키는 방안도 고려해야 한다.

<표 3> Point의 형태와 조합의 기호체계

Classification	Form	Combination
Point		

(2) 선, line

장소성을 지닌 해양관광목적지의 공간적 영역에서 선형 (linear)으로 표현된다. 피어는 곡선형의 자연 해안선에 강력한 직선 형태로 육지에서 해양으로 돌출되어 있다. 이러한 모습은 위성사진 즉 상공에서 촬영한 영상 이미지에서 명확하게 확인된다. 피어는 진출입 공간이 동일하며, 일방향성을 지닌 하나의 라인으로 구성된 모노라인 형태를 띄고 있다. 그러나 간혹 피어의 헤드부분이나 피어 전체가 곡선형 또는 다른 기하학적 형태를 보여주는 사례도 있다. 최근 공공디자인의 접목으로 인해 해양경관 제고 차원에서 피어의 디자인은 다양성과 독특성을 나타내며 피어 그 자체가 단위 관광매력물의 차원을 너머 그 자체가 관광목적지가 되기도 한다.

피어는 피어의 헤드부분이나 피어 전체를 단순한 놀이공원으로 개발한 사례도 있는 반면, 동선(動線)의 시작점인 출입구 주변 육상 공간에 편의시설이나 상업시설을 조성하여 피어는 낚시(fishing)나 선박의 접안이나 해양경관 감상을 위한 단순 동선기능만 담당하는 유형의 피어도 있다. 이러한 피어는 관광목적지의 단순한 매력물로서 피어가 조성되지만, 전반적으로 주변 관광목적지를 방문하는 관광객의 체류시간 증대에 피어가 기여하게 된다. 그러므로 피어와 피어 주변을 관광목적지 공간으로 인식하여 포인트에 해당하는 피어와의 연계전략을 통하여 포인트-라인 또는 포인트-라인-포인트, 라인-에어리어 등의 다각적인 관광목적지 진흥을 위한 다양한 해양관광 정책을 유도해야한다.

<표 4> Line의 형태와 조합의 기호체계

Classification	Form	Combination
Line		

(3) 면, area

해양도시에서 면(面)의 개념과 관련된 공간은 해안가 OO마을, 해양관광단지, 해양관광목적지 등이 해당된다. 기본적으로 면적 대상의 공간적 영역에는 몇 개의 포인트에 해당되는 단위 관광매력물들

이 위치하고 있다. 또한 매력물간 다양한 동선 연결을 기반과 교통
수단 도입을 통하여 관광목적지 전체의 선적 요소(linear element)를
강화시킨다. 플레져 피어의 경우, 해양관광목적의 핵심시설로써 랜
드마크 기능을 담당하며, 주변의 다른 관광매력물과 연결되어 관광
객의 체류시간 증대에 기여한다. 이상의 3가지 요인이 관광매력물로
구성되는 관광목적지에 적용시키면 다음과 같이 나타나게 된다.

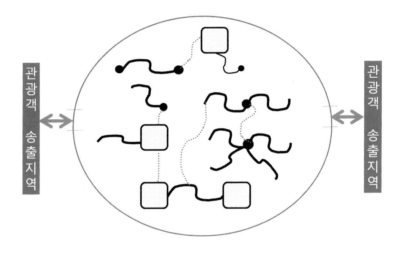

6. 피어와 영국의 NPS

피어에 관한 정보, 운영, 관리 등을 체계적으로 진행하고 있는 영
국의 국립피어협회(National Piers Society, https://piers.org.uk)는 세계
적인 피어 전문기관으로 자리잡고 있어 본서에서 소개하고자 한다.
산책(Promenade)과 즐거움(pleasure)의 기능을 제공하는 피어의 존

재는 영국 해안을 특징짓는 압도적인 현상으로 나타난다. 스코틀랜드, 북아일랜드, 웨일즈, 영국본토에 이르기까지 피어(piers)나 제티(jetties) 등의 이름을 지니면서 다양한 모습으로 조성되어 있다. 원래 피어는 선박의 화물 선적이나 하역기능을 지원하는 육상 구조물로 형성되었지만, 오늘날 해안경관을 구성하는 경관요소로서 지역성을 대표하는 랜드마크 역할을 하고 있다. 해변 이외 강이나 하구언, 또는 호수변에도 조성되는 경우도 있다.

영국의 해안을 따라 조성된 해변피어는 빅토리아시대53)의 기술자와 기업가의 업적을 기억나게 하는 강력한 문화유산으로 상징된다. 영국의 피어에 대한 지식과 경험, 정보의 축적과 공유를 체계적으로 담당하는 단체가 NPS이다.

---

53) 영국의 빅토리아 여왕이 통치하고 있던 1837년부터 1901년까지의 기간. 이 시대는 영국 역사에서 산업 혁명의 경제 발전이 성숙기에 도달하여 대영 제국의 절정기이면서 영국의 정치, 경제, 사회, 문화, 군사 등 다방면에서 .변혁이 있었던 시기. 고전적이면서 보수적인 도덕주의, 엄숙주의와 함께 허영과 위선도 함께 존재하는 시대(자료출처 : ko.wikipedia.org, namu.wiki)

자료출처 : pholar.co

<그림 13> 빅토리아양식의 건축물

1) 개요

National Pier Society(NPS)는 1999년 영국의 등록된 비영리 자선 단체로서 해변 피어의 보존과 연속된 즐거움에 대한 관심을 지속가 능하게끔 유지하고 진흥시키는데 전념하고 있다. 이 단체는 1979년 에 설립되었으며, Sir John Betjeman이 초대 명예회장을 역임하였다. 현재는 Gavin Henderson CBE(the Royal Central School of Speech & Drama 교장)가 명예부회장인 Tim Mickleburgh(1995-2003, 의장) 와 함께 그 역할을 수행하고 있다.

NPS는 1987년 이래로 'PIERS(최근 피어 뉴스와 이벤트, 역사적으 로 특징을 소개)'라는 계간지(계절에 따라 한 해에 네 번씩 발행하는 잡지)를 출판하고 있다. 또한 문화유산위원회, 복권위원회, 피어소재 지의 지방자치단체, 피어 관련된 언론매체를 상대로 로비를 행사하고 있다. 예를들면, 2014년에 'British Seaside Piers'를 출간하기 위해 English Heritage(영국문화유산위원회)와 공동작업을 하기도 하였다.

1983년 1회 연례총회(Annual General Meeting)를 개최한 이후 매 년 다른 리조트에서 컨벤션을 정기적으로 개최하고 있다. 이 컨벤션 은 개최지역 주변의 피어에 대한 투어도 동시에 진행한다. NPS 는 각 지역의 지사(branch) 설립과 국립피어박물관(National Pier Museum)을 조성을 위해 노력하고 있다. NPS는 또한 유관단체 인 무역협회, British Association of Leisure Parks, Piers and Attractions, Paddle Steamer Preservation Society (PSPS)와 긴밀한 협력 관계를 유 지하고 있다.[54]

---

54) https://en.wikipedia.org/wiki/National_Piers_Society

2) 올해의 피어상(Pier of the Year awarded)

1996년 이래 NPS는 매년 '올해의 피어상'을 수여하며, 이는 NPS 멤버들의 투표에 의해 결정된다. 수상을 위한 참가조건은 일반대중에게 개방되어 있으며 최근 5년 이내 수상경력이 없는 피어가 대상이 된다. NPS는 또한 3년주기로 우수기술상(award for engineering excellence)에 해당되는 The Peter Mason Award(고인이 된 의장의 이름을 인용)을 수여한다. 아래에는 1997년부터 2018년까지 수상한 피어의 목록이다.

<표 5> 피어목록

name of pier	year awarded
Eastbourne Pier	1997
Brighton Palace Pier	1998
Clevedon Pier	1999
Cromer Pier	2000
Weston-super-Mare Grand Pier	2001
Southwold Pier	2002
Southport Pier	2003
Blackpool North Pier	2004
Llandudno Pier	2005
Worthing Pier	2006
Southend Pier	2007
Deal Pier	2008
Saltburn Pier	2009
Boscombe Pier	2010
Weston-super-Mare Grand Pier	2011
Swanage Pier	2012
Clevedon Pier	2013
Penarth Pier	2014
Cromer Pier	2015
Cleethorpes Pier	2016
Hastings Pier	2017
Southsea South Parade Pier	2018

자료출처 : piers.org.uk

3) NPS 지위

2004년과 2005년의 연례총회에서 통과된 결의안에 의거, 2005년 7월 12일 National Piers Society Ltd.가 Companies House[55])에서 비영리 법인으로서 성공적으로 설립되었다. 자선단체로서 지위는 2005년 9월 12일 Charities Commission에 의해 부여되었다.

---

55) Companies House : 영국의 기업들을 등록하고 관리하는 정부기관

제4장

피어, 해양문화와 만나 매력으로 꽃 피우다!

세계 각국의 피어를 어떻게 볼 것인가와 관련하여 먼저 피어가 접하고 있는 해양을 중심으로 검토하였으며, O. Krummer[56]가 지구의 바다를 4개 해양으로 분류한 기준을 참고하였다. 먼저 해양을 유형별로 구분하여 그 해양에 조성된 피어를 분석대상으로 찾았다. 다음으로는 기능별로 해변의 피어를 대상으로 선정하여 사례분석을 하였다.

1. 대양, 북태평양 연안의 피어

1) 미국 워싱턴주 시애틀 Pier 57 Miners Landing

북태평양 북아메리카 대륙 미국 연안의 퓨젓 사운드(Puget Sound),[57]

---

56) 세계의 바다
   - 대양 : 대면적을 가지고 있으며, 고유의 염분·조석·해류를 가진 독립된 해양으로 태평양, 대서양, 인도양이 이에 속함
   - 부속해 : 소면적으로서 인접 육지와 해양의 영향을 받는데 그 중 대양의 조석·해류의 영향을 많이 받는 해양
   - 지중해 : 대륙에 깊숙이 들어가 있는 바다로 해협을 통하여 대양과 접속되는 해양
   - 연해 : 대륙 연변에서 도서 혹은 바다로 둘러싸인 바다이며, 황해, 오호츠크 해(Okhotsk sea) 등
57) 환류가 해협으로부터 남쪽을 향하여 약 150km 안쪽으로 들어가 있다. 만 안에는 수많은 지만(支

중동부 엘리엇만(Elliot Bay)[58])과 워싱턴호(Lake Washington)[59]) 사이에 위치한 Pleasure Pier.

자료출처 : google.com/earth

<그림 14> 위성지도

灣)・해협・반도가 있으며 절벽으로 둘러싸인 섬이 있다. 빙하의침식을 받은 지형이 침강하여 이루어진 피오르드 지형이다. 양항만(良港灣)이 많고대형 선박이 출입할 수 있으므로 연안에는 도시가 발달하여 주에서 인구가집중되었다. 동안(東岸)에는 올림피아・터코마・시애틀, 서안(西岸)에는 포트타운젠드・셸턴 등이 있다(자료출처: 네이버 지식백과, 두산백과).

58) 엘리엇 만(Elliott Bay)은 미국 워싱턴주 퓨젓사운드만에 있는 만으로 시애틀과 대서양을 잇는다. 엘리엇 만을 따라 형성된 시애틀은 그 지리적 이점을 통해 미국에서 가장 붐비는 항구들 중 하나가 됐다. 두와미시 강이 엘리엇 만으로 흐른다(자료출처: ko.wikipedia.org)

59) 워싱턴주에서 두 번째로 큰 천연호수이며, 킹카운티(King County)에서 가장 큰 호수이다. 서쪽으로는 시애틀, 동쪽으로는 벨뷰(Bellevue)와 커클랜드(Kirkland), 남쪽으로는 렌턴(Renton), 북쪽으로는 켄모어(Kenmore)와이웃하고 있다. 호수 안에는 머서섬(Mercer Island)이 있다. 사마미시강(Sammamish River)과 시더강(Cedar River)으로부터 물이 유입된다.(자료출처: 네이버 지식백과, 두산백과).

자료출처 : google.com/earth

<그림 15> 위성지도

(1) 개요

2018년, 세계경제동향과 달리 한국경제는 어려움에 처해있다. 이러한 시기에 피어건설을 통해서 국가나 지역이 처한 경제적 위기를 극복한 사례가 없는지 조사하다가 본 피어를 찾게 되었다. P57ML (Pier 57 Miners Landing 약어)는 1890년대, 미국 전역이 경제 불황을 겪고 있던 때에 시애틀이 위기를 비켜갈 수 있게끔 하였다. 왜냐하면 1897년 캐나다 알래스카 지역의 Klondike 금광의 발굴에 대한 소식이 곳곳에 퍼지면서(The Klondike Gold Rush) 기회의 땅을 향하는 수많은 사람들이 미국 서부 교통환승 거점 역할을 담당했던 시애틀로 몰렸기 때문이다. Pier 57은 1897년 클론다이크(Klondike)에서 광부들이 금을 증기선 포틀랜드(Portland)에 실어와 최초로 착륙한 역사적인 장소에 해당된다.

① Pier 57 Miners Landing 물리적 현황

북태평양 연안의 미국 워싱턴주 시애틀 University Street[60]에 위치하며, 주소는 Miners Landing (Pier 57) 1301 Alaskan Way Seattle, WA 98101이며, 좌표는 47.6061°N 122.3419°W 이다.

② 운영주체

Pier 57은 1902년 Miller와 Geske 건설회사에 의해서 John B. Agent Company를 통해 다른 기능들이 부과되면서 개발이 본격적으로 진행되었다. 1909년 Pier 57은 시애틀에 도착하기 위한 대륙 횡단 Milwaukee & St. Paul 철도는 "밀워키로드"로 알려져 있었기 때문에 '밀워키 피어'로 알려졌다. 이후 증기선사(McCormick Steamship Line, Munson McCormick Line 및 Osaka Shosen Kaisha)의 터미널 역할을 하면서, 1930년대 중반에는 'McCormick Terminal'로도 불리워졌다. 1950년대에는 Pier 57 일부가 수산가공 장소로 사용되기도 하였다. 1960년대까지 시애틀 항만청이 Pier 57을 소유하며 레크리에이션 낚시를 위해 피어상부에 구멍을 뚫어 상부균형을 유지하고자 하부에 기둥을 설치하려 했지만, 오히려 Pier 57의 안전성에 위험을 초래하였다. 1971년, 시애틀 항만청은 피어에서의 화물 운송기능을 시애틀 항만의 남쪽 컨테이너 항구로 기능을 이전시킨 후 3년 동안 피어를 리모델링하였다.

리모델링한 피어는 씨푸드 레스토랑, 기념품가게, 놀이 아케이드 및 회전목마 등을 갖춘 플레져피어로 거듭났다. 2012년 6월 피어에 대관람차(Great Wheel)가 완공되었다. 175피트 관람차에는 42개의 곤돌라가 있으며, 각각 6명까지 수용가능하다. 시애틀 사업가이자

---

60) https://en.wikipedia.org/wiki/Pier_57_(Seattle)

해안개발업자인 할 그리피스(Hal Griffith)는 거의 30년 동안 피어가 위치한 Elliott Bay에서 관람차 구상을 했다. 피어개발을 방해하는 정치적 상황에 직면하여 알라스칸 웨이 고가도로(Alaskan Way Viaduct)에 인접한 Pier 57에 대관람차를 건설하기로 결정했다고 전해진다.[61] 1980년대부터 그리피스는 혁신적인 아이디어를 통해 성공을 이끄는 벤처기업가 정신으로 피어개발에 대한 비전을 실현에 옮기고 있다. 그 계획의 목표는 피어가 방문한 관광객과 지역주민들에게 오락과 레크레이션 기회를 제공하는 것이며, 퓨젯 사운드(Puget Sound)의 워터프론트 개발구상도 포함되어 있다.

③ 주요시설 및 특징

P57ML은 피어의 유형 중 Pleasure pier에 해당된다. 현재 주요 시설로써 씨푸드 레스토랑, 의류 및 기념품가게, 회전목마, 대관람차 등 오락 및 편의시설 등 매력물을 기반으로 해양관광목적지로서 복합엔터테인먼트 기능을 수행하고 있다.

④ 역사

1896년 8월 17일, 골드러쉬(Gold Rush)의 시작은 3명의 광부가 캐나다 유콘지역 클론다이크(Klondike river, Yukon Territory)강 유역의 보난자 지류(Bonanza Creek)에서 금을 발견했을 때 조용히 진행되었다. 그러나 그 소식은 금광을 채굴한 광부들이 금을 들고 귀향하면서 북미대륙 곳곳으로 천천히 확산되었다.

---

61) https://en.wikipedia.org/wiki/Pier_57_(Seattle)

<그림 16> Pier 57에서 선박에 탑승하는 광부들

1897년 7월 17일, 증기선 포틀랜드(S.S. Portland)가 알래스카주 St. Michael에서 워싱턴주 시애틀의 Pier 57로 향한다는 소식이 알려지면서 흥분은 고조되었다. 곧 소문이 사실로 드러났고, 금광을 채굴한 광부들은 금과 더불어 Pier 57에 무사히 도착하였다. 당시 68명의 광부가 승선하고 있던 증기선이 Pier 57에 도착하였을 때 금을 구경하려고 5,000여명의 사람들이 모여들었다. 당시 광부들의 하선과 금의 하역을 지원하기 위해 모인 군중들을 일부 고용하기도 하였다. 수 시간 만에 시애틀은 금 사건으로 휩쓸렸으며, 모인 군중들과 시민들, 그리고 미국 전역에서 숱한 사람들이 금을 캐기 위해 이곳으로 모여들기 시작하였다. 'Go West' 열풍의 시작이었다.

피어의 역사는 골드러쉬의 역사에서 시작되었다고 할 수 있으며,

광부들이 내린 선착장이 그 역사를 기리기 위해 시애틀시의 마이너
즈 랜딩(Miners Landing)으로 불리웠다. Pier 57은 이러한 역사적 사
건의 중심에 위치하였지만, Gold Rush 이후에도 수년간 북미와 아
시아 무역에서 중요한 거점기능을 수행해 왔다.

⑤ 주요이슈

자료출처 : minerslanding.com

<그림 17> 알라스칸 웨이 고가도로

자료출처 : minerslanding.com

<그림 18> 고가도로 공사 전과
후의 모습

자료출처 : minerslanding.com

<그림 19> 대체터널 모형 사진

자료출처 : minerslanding.com

<그림 20> 대체터널 모형 사진

시애틀시는 2001년 지진으로 손상된 알라스칸 웨이 고가도로 (Alaskan Way Viaduct)를 대체할 터널조성계획을 수립하였다. 본 계획에는 도심의 중심부 아래 지하터널 조성과 기존 고가교의 철거가 포함되어 있었으며, 실제 철거는 2011년 10월 21일에 시작되었다. 당시 Pier 57의 소유주인 그리피스는 대규모 관광객 유치 없이는 고가교 건설만으로는 도시의 해양관광산업이 어려움을 겪고 시민의 실직상태에 직면하게될 것이라고 우려를 표명하였다. 그 우려는 현실화되어 새로운 터널조성 이후 도심교통 문제는 해결되었지만 해양관광산업은 타격을 받았다. 이로 인한 현실적인 문제를 해결하고자 Pier 57에 방문객 증가를 통한 관광산업활성화 차원에서 시애틀 대관람차(The Seattle Great Wheel)안이 제기되었다. 그리피스가 2010년 11월에 시에 건축 허가를 신청한 이후 약3년에 걸쳐 프로젝트가 완성되었다. 실제 대관람차 설계시 안전성을 고려하여 하부에 기둥(poles)을 새로 설치하는 방안도 포함되었다.[62]

(2) 관광환경

① 가치

- 역사적 가치

Pier 57 Miners Landing은 1897년 알래스카 지역의 Klondike에서 발견된 금광의 소식(The KLlondike Gold Rush)이 미국과 캐나다 전역에 구전으로 확산되면서 '기회의 땅'을 찾아 나섰던 수많은 사람들의 이상향으로서 당시 교통환승의 거점 역할을 감당하였다. 시애틀은 이 피어의 존재만으로도 1890년대 미국 전역이 경제 불황을

---

62) https://en.wikipedia.org/wiki/Pier_57_(Seattle)

겪고 있던 때에도 그 위기를 비켜간 역사적 도시로 유명하다.

- 문화적 가치

시애틀은 태평양 연안을 배경으로 해양과 산맥의 뛰어난 자연환경을 배경으로 풍성한 해산물을 식재료로 활용하는 다양한 시푸드 레스토랑의 먹거리에서부터 해양생물을 체험할 수 있는 시애틀 수족관, 시애틀 아트뮤지엄, 스타벅스 1호점, Space Needle 등 문화관광적으로도 다양한 매력물들이 도시 전체에 산재하고 있다.

- 환경적 가치

자연생태적으로도 도심에 위치한 웨스트 레이크 공원(Westlake Park), 올림픽 조각공원(Olympic Sculpture Park), 데니 공원(Denny Park) 등 자연과 인공조형물들이 조화를 이룬 도시의 다양한 문화관광매력물들과 연계되어 Pier 57은 시애틀 시민과 방문객에게 미국문화의 다양성과 역사성을 경험할 수 있는 해양관광목적지로서 지속가능성을 보여주고 있다.

② 관광환경

- 시애틀 수족관(Seattle Aquarium)

시애틀 워터파크 59번 부두가에 위치해있으며, 미국 서북지역 연안의 해양생태계를 경험할 수 있는 곳으로 1977년에 개관했다. 12개 전시실에서 350여종의 해양생물을 보거나 만져볼 수 있다. 대표적인 전시관인 언

자료출처 :
redtri.com/seattle/insiders-guide-to-seattle-aquarium/

<그림 21> 수족관 외관 사진

더워터 돔(Underwater Dome)은 해저 360도를 조망할 수 있는 수족
관으로 상어와 다양한 생물들이 관찰가능하다. 또한 워싱턴주에 서
식하는 말미잘이나 문어 등을 비롯한 지역 해양생물들을 잠수부들
과 함께 바다를 직접 경험하는 Window on Washington Waters도 인
기가 좋다. 수족관의 단골 메뉴인 물개 쇼와 고래 쇼도 즐길 수 있고
박제된 대형 상어를 비롯해 대왕 문어와 해파리, 바다 표범의 생태
를 살펴볼 수도 있다. 바다로부터 강을 타고 서식처로 회귀하는 연
어들의 라이프 사이클도 전시되어 있다.[63]

- Starbucks 1호점(The 1st Starbucks)

세계적인 커피 전문체
인점 스타벅스의 첫 번
째 매장이다. 1971년 스
타벅스가 처음 탄생했
을 때 만들어졌던 로고
를 그대로 사용하고 있
다. 현재 로고와 달리
풍만한 몸매의 꼬리 두
개 달린 인어 모양으로,

자료출처 : blog.naver.com

<그림 22> 스타벅스 매장 입구 사진

첫 로고가 찍힌 컵과 텀블러는 기념품으로 인기가 좋다. 매장 내
좌석에서 커피를 마실 수 없고 테이크아웃만 가능하다.[64]

---

63) https://terms.naver.com/entry.nhn?docId=648568&cid=43128&categoryId=43128
64) https://terms.naver.com/entry.nhn?docId=963451&cid=48193&categoryId=48296

- 스페이스 니들(Space Needle)

미국 태평양의 북서부 연안지역 랜드마크로 시애틀시의 상징이다. 1962년 세계 박람회(World's Fair)를 위해 에드워드 칼슨(Edward E. Carlson), 빅터 스타인브루엑(Victor Steinbrueck), 존 그레이엄(John Graham)이 설계하였다. 완공되었을 때 미시시피강(Mississippi River)을 중심으로 미국 서부에서 가장 높은 건물이었지만 지금은 시애틀에서 가장 높은 구조물로서 1999년 4월 19일 도시의 랜드마크보존회(City's Landmarks Preservation Board)에서 역사적 명소(Historic Landmark)로 지정했다.

자료출처 : fi.wikipedia.org/wiki/Space_Needle

<그림 23> 스페이스 니들

해발고도 160m 지점에 있는 전망대(Observation Deck)는 원반 모양으로 에드워드 칼슨(Edward E. Carlson)의 아이디어로 비행접시에서 영감을 얻었고 구조물 정상에서는 시애틀 도심, 올림픽 경기장, 캐스케이드 산맥(Cascade Mountains), 레니에 산(Mount Rainier), 엘리오트 만(Elliott Bay) 경관의 조망이 가능하다. 구조물 최상부에는 낙뢰를 방지하기 위해 25개의 피뢰침이 설치되어 있으며, 풍속 320㎞/h와 9.5도의 강진에도 견딜 수 있는 내구성으로 건축되었다. 엘리베이터는 16㎞/h로 운행되며 정상까지 43초가 소요되지만, 엘리베이터가 건물 외벽에 노출되어 있어서 바람이 부는 날에

는 8㎞/h로 운행 된다.[65)]

2) 미국 캘리포니아주 Manhattan Beach Pier

자료출처 : google.com/earth

<그림 24> 위성지도

북태평양의 북아메리카 대륙 미국 캘리포니아 연안에 위치한 Pleasure Pier.[66)]

① 물리적 현황

캘리포니아주 로스앤젤레스 카운티 맨해튼비치 서쪽 끝에 위치하

---

65) https://terms.naver.com/entry.nhn?docId=1335861&cid=40942&categoryId=33082

66) 2016년도 개봉되어 아카데미상을 수상한 영화 '라라랜드(La La Land)의 배경이 되었던 미국 캘리포니아주 로스앤젤레스 카운티(Los Angeles County)에 위치한 '허모사비치(Hermosa Beach)'. 바로 그 인근에 맨해튼 비치(Manhattan Beach)가 위치하고 있다.

며, 좌표는 33.88374°N,118.41361°W이고, 주소는 Manhattan Beach, CA 90266, USA이다. 현재의 피어는 1917년 맨해튼비치시와 주립공원의 협력 아래 도시건축가 AL Harris가 공사를 개시하여 1920년 7월 5일에 준공된 원형을 보존하고 있으며, 캘리포니아주 서해안에서 가장 오래된 콘크리트 피어로서 캘리포니아주의 역사랜드마크(Historic Landmark)로 지정되어 있다.[67]

② 운영주체

맨해튼비치 피어는 맨해튼비치 시립피어(Manhattan Beach Municipal Pier)라고도 불리며 맨해튼비치시에서 관리하는 캘리포니아 공공건축물에 해당된다. 현재(2018년) 무료 개방되며, 피어 끝에 있는 라운드 하우스 해양연구소 및 수족관이 있으며, 이곳 또한 무료 입장이 가능하다.

③ 주요 시설 및 특징

맨해튼비치 피어는 총 길이는 928피트(283m)로써 콘크리트로 만들어졌는데 캘리포니아주에서는 가장 오래된 콘크리트 소재 피어에 해당된다. 다른 형태의 피어와 달리 헤드부분이 원형으로 디자인되어 있는데 그 이유는 원형디자인이 파도의 움직임에 훨씬 강하고 미관에도 아름다웠기 때문이라고 한다.[68]

피어 헤드부분에는 지중해 스타일로 건설된 8각형의 빨간지붕 건축물인 라운드하우스 해양연구소 및 수족관(Roundhouse Marine Studies Lab &Aquarium)가 소재하고 있다. 수족관에는 해양어류와 무

67) 위키피디아 https://en.wikipedia.org
68) http://blogs.dailybreeze.com/history/2009/09/23/manhattan-beach-piers-roundhouse/

척추 해양동물들이 전시되어 있으며 해양생물 관련 강의나 수업을 진행하기도 한다. 일반인에게는 무료로 개방하고 있지만, 운영을 위해 1인당 2달러, 가족당 5달러의 기부금을 받기도 한다.[69]

자료출처 : manhattanbeachhistorical.org　　　자료출처 : kraussefamilyart.com

<그림 25> Manhattan Beach Pier 조감도　　　<그림 26> 피어 하부콘크리트구조

④ 역사

도시 형성 시기와 맞물려 최초의 피어는 나무교각의 형태로 1901년 건축되었지만 1913년 큰 폭풍으로 파괴되었다. 현재와 같은 콘크리트구조물로 조성된 피어는 1917년 도시건축가 AL Harris의 설계 이후 공사가 시작되었지만, 최초 계약자의 파산, 자연재해, 1차 세계대전 발발 등의 이유로 1920년까지 피어공사가 지연되었다가 1920년 7월 5일이 되어서야 비로소 완공되었다. 피어의 명소인 헤드부분의 8각형 라운드하우스는 2년 뒤인 1922년에 건축되었으며, 당시에

---

69) http://roundhouseaquarium.org/

는 카페와 레스토랑으로 운영되었다.

1928년에 피어는 목재 구조물로 200피트(61m) 더 확장되었는데 1940년 겨울에 몰아닥친 폭풍으로 인하여 연장된 부분의 일부가 파괴된 채 방치되었다가 1941년에는 연장된 나머지 부분까지 모두 소실되었다.

자료출처 : manhattanbeachhistorical.org

자료출처 : manhattanbeachhistorical.org

<그림 27>
1928년 확장된 목재구조물

<그림 28>
1928년 목재구조물에서의 낚시

계속된 겨울폭풍의 누적 효과와 세월에 따른 부식 작용으로 침식이 진행되었다. 1984년에는 150파운드 콘크리트 덩어리가 무너져 조깅을 하던 사람을 덮치는 사고가 발생하여 이용객들을 보호하기 위해 임시적으로 체인링크그물을 설치하였다. 1988년 1월에는 피어를 강타하는 큰 폭풍으로 크게 손상을 입게 되었는데 피어를 복원하는 대규모 리모델링을 진행하기 위해 1989년 맨해튼비치 위원회(Manhattan Beach Council)가 구성되었다. 1920년에 조성된 최초 설계를 기초로 복원 작업이 진행되었는데 당시 239만 달러가 들어간 공사로서 1991년 2월에 시작되어 1992년 7월에 완료되었다. 이 복원공사에는 해양

연구소 및 수족관으로 라운드하우스를 완전히 재건하는 것이 포함되었으며 원형의 복원 및 유지에 중점을 두고 진행되었다.

1995년에는 캘리포니아주 역사 랜드마크(Historic Landmark)로 선언되어[70] 현재(2018년)까지도 매년 맨해튼비치를 찾는 380만명의 이용객들이 방문하는 관광매력물로 인식되고 있다.[71]

⑤ 주요이슈

맨해튼비치피어는 매년 강한 겨울폭풍과 태평양의 뜨거운 햇살 때문에 침식이나 부식이 일어나기 쉬운 환경에 노출되어 있어 정기적인 보수나 리모델링이 필요하다. 1991년에 재건축된 라운드하우스 수족관에는 프로그램에 참여하는 15,000명의 어린이들을 포함하여 매년 30만 명이 넘는 이용객들이 방문하였다. 라운드하우스 수족관은 시설의 노후화로 인하여 2017년 12월 리모델링을 위한 착공식을 하였다. 세계적인 수족관 제작자인 케임브리지 세븐 어소시에이츠(Cambridge Seven Associates)가 설계하였으며 총비용 4백만 달러의 비용이 예상되었다. 또한 이 프로젝트는 해리슨 그린버그 재단(Harrison Greenberg Foundation)과 맨해튼비치(Manhattan Beach)가 파트너가 되어 진행하기 때문에 도시 역사상 가장 큰 공공민간 파트너십 중 하나로 알려져있다. 프로젝트를 위해 세계적인 신발 회사인 Skechers의 CEO인 마이클 그린버그(Michael Greenberg)는 숨진 그의 아들 해리슨(Harrison)을 기념하기 위해 설립된 재단을 통해 150만 달러 이상의 모금행사에 참여하였다. 건설은 2018년 1월에 시작하여 2018년 5월말까지 예정되어 있으며 시의 피어

---

70) http://manhattanbeachhistorical.org/pier/
71) http://www.softschools.com/facts/beaches/manhattan_beach_facts/3375/

개선 프로젝트와 동시에 진행될 예정이다.[72]

(1) 관광환경

① 가치

1920년에 지어진 맨해튼비치 피어는 현재(2018)까지 여러번의 리모델링을 거치면서도 최초 설계된 원형을 유지하면서 보존해왔기 때문에 역사적으로 가치가 크다고 할 수 있다. 미국 서해안에서 가장 오래된 콘크리트로 만들어진 피어로 예술사진을 찍는 예술가들이나 신혼부부들의 웨딩촬영 장소로도 유명하다.

자료출처 : www.hmdb.org

<그림 29> 맨해튼비치 피어 부두마커

자료출처 : www.pinterest.co.uk

<그림 30> 맨해튼비치 피어 안내판

② 주변 관광매력물

- 서프 페스티벌(International Surf Festival)(2018년 8월 1~5일 개최) 올해(2018년) 56회를 맞는 국제 서핑 페스티벌로 허모사비치(Hermosa Beach), 맨해튼비치(Manhattan Beach), 레돈

---

72) https://easyreadernews.com/manhattan-beach-roundhouse-restoration-boy-pier/

도비치(Redondo Beach), 토런스(Torrance)등 4곳의 사우스 베이 비치 시티에서 매년 열린다. 레돈도비치시가 주최하는 올해 축제에는 8세에서 80세까지 다양한 연령이 참가할 예정이다. 축제의 주요 행사로는 저지 태플린 라이프가드 메들리 릴레이(Judge Taplin Lifeguard Medley Relay), 드와이트 크럼 피어간 수영대회(Dwight Crum Pier-to-Pier Swim), 찰리 사이클리(Charlie Saikley) 6인 배구 토너먼트 등이 있다. 이 외에도 서핑 대회, 보디 서핑 대회, 해변 달리기, 패들보드 대회, 소형 배 대회, 청소년을 위한 행사도 열릴 예정이다. 축제는 호주 빅토리아(Victoria) 팀 등 다양한 국제 라이프가드 팀이 초청되어 매년 개최되어 왔다.[73]

- 맨해튼비치 오픈(Manhattan Beach Open)(2018년 8월 16~19일개최)
올해(2018년) 59회를 맞는 세계적으로 유명한 맨해튼비치 오픈(MBO)은 최장 기간 지속적으로 진행되는 비치발리볼 토너먼트경기이다. 매년 여름 전 세계에서 남녀 선수들이 비치발리볼의 본고장에 모여 상금 획득과 자신의 이름을 유서 깊은 맨해튼비치 피어에 남기기 위해 경쟁한다. AVP(Association of Volleyball Professionals)투어의 공식 행사이기도 한 맨해튼비치 오픈은 MBO 레전드 매치, 어린이 클리닉, 참가선수 노래 경연, 영화의 밤, 인터액티브 게임 및 올해의 MBO 워크 오브 페임(Walk of Fame) 피어 기념식 등 다양한 프로그램을 제공한다. 맨해튼비치 오픈은 무료로 참가 가능하며 피어 바로 남쪽에서 열린다.[74]

---

73) https://kr.discoverlosangeles.com/blog/2018-roseuaenjelreseu-seupoceu-hairaiteu

74) https://kr.discoverlosangeles.com/blog/2018-roseuaenjelreseu-seupoceu-hairaiteu

3) 미국 캘리포니아주 San Diego Ocean Beach Pier

북태평양에 오픈된 형태로 존재하는 북아메리카대륙의 미국 캘리
포니아주 연안에 위치한 Fishing Pier.

자료출처 : google.com/earth

<그림 31> 위성사진

(1) 개요

① 물리적 현황[75]

좌표	32°45'3.18"N 117°15'6.13"W
주소	5091 Niagara Ave, Ocean Beach, Point Loma, San Diego, California
설립 연월일	1966년 7월 2일[76]
공사 개발기간	1년 (1965년 공사시작)
재원	남·북으로 길이를 연장시켰을 때 100,000달러 소모
설계자	Charles (Chuck) F. Bahde
건설자	Leonard Teyssier
건설회사	Peninsulans, Inc

② 운영주체, 운영단체, 경영방식

피어의 소유권과 운영권은 Ocean Beach Mainstreet Association[77]
에 있다. 이 피어에서는 캘리포니아주에서 발행하는 California Sport
Fishing License[78] 없이도 낚시가 허용되지만, 낚시방법, 물고기 크기
제한 등의 어획 규제와 야생동물 스포츠 낚시 규정은 엄격하다.[79]

피어 상부에는 레스토랑, 낚시용품 판매점, 미끼가게, 화장실, 벤
치가 있으며, 해변에는 24시간 무료주차장, 장애인 화장실 및 경사
로 등이 구비되어 있다.

---

75) http://www.sandiegocoastlife.com/attractions/san-diego-coast/piers-ocean-beach.html

76) https://oceanbeachsandiego.com/attractions/ocean-beach-pier

77) Ocean Beach 지역사회의 비즈니스 및 경제적 활력을 촉진하고 지원하는 협회

78) 16세 이상의 모든 사람은 낚시와 게임코드 조항 7145에 따라 캘리포니아에서 물고기, 조개 등을
가져갈 때 스포츠 낚시어업 면허를 소지해야 함

79) 낚싯대는 1개까지만, 머리 위로 낚싯줄 던지는 행위 불가, 미끼를 자르거나 가시를 발라내는 등의
행위 불가 (그림 5 참고)

<그림 32>
California Sport Fishing License

<그림 33>
겨울 폭풍 때 OB Pier 현장

피어의 매출과 관련하여 무료입장이므로 입장료로 거둬들이는 수익은 없으며, OB Pier Cafe는 2008년, 2009년 회계연도[80])에 각 $44,467, $64,116의 매출액을 달성한[81]) 기록이 있다. 입장객 수와 관련하여 연간 50만명 이상이 방문하는 것으로 추계되고 있다. 이용패턴[82])과 관련하여 24시간 개장하며, 1991년 겨울 폭풍으로 인한 부분적 파손[83]) 때문에 겨울철 날씨의 동향에 따라 한시적으로 폐쇄조치를 한 적이 있다. 또한 만조시에는 주기적으로 피어 게이트를 폐쇄하여 이용객의 안전에 만전을 다하고 있다.

③ 주요 시설 및 특징

피어 상부는 산책로(promenade)로써 주요 기능을 수행하지만, 경영

---

80) 미국 정부에서는 9월 30일에 끝남, 도시에서 가게를 경매로 내놓았을 때만 제공된 정보이기 때문에 그 추후 자료 없음

81) http://www.sdnews.com/view/full_story/7324561/article-City-opens-bidding-for-OB-Pier-Café-concession?instance=BCN_right

82) http://www.sdnews.com/view/full_story/7324561/article-City-opens-bidding-for-OB-Pier-Café-concession?instance=BCN_right

83) 세부사항은 알 수 없음

학적 관점에서 관광소비에 영향을 주는 피어기능을 고려할 때 피싱피어로 분류한다. 피어의 총 길이는 601m(1,971ft)이며, 미국 서해안에서 가장 긴 피어로서 현재 세계에서 가장 긴 콘크리트 피어로 기록되어 있다. 연안에 종다양성이 높은 연안생태계가 형성되어 있기 때문에 낚시용 피어로 인기가 높다. T자형 구조로 되어 있어 북쪽이나 남쪽 방향에 따라 낚시꾼들은 8m-9m 수심에 맞게 낚시가 가능하다. T자 모양으로 남쪽방향으로 110m, 북쪽방향으로 59m로 확장되어있다.

④ 역사[84]

지금의 OB Pier는 원래 낚시장소로서는 좋은 조건을 지니지 못했다. 피어가 완공되기 전 1915년 미션베이 입구를 가로지르는 교량(Mission Bay Bridge: Bacon Street 북쪽 끝에서 미션베이의 언덕)이 건설되었으며, 길이는 457m이었다고 한다. 이 교량은 볼테르(Voltaire)에서 미션베이 해변까지 접근성 제고의 관점에서 좋은 교통수단의 역할을 담당하였지만, 낚시꾼들에게는 좋은 낚시환경을 제공하지는 못하였다. 이 교량은 안전과 홍수조절 문제로 인해 방치상태에 있다가 결국 철거가 진행되면서 오히려 샌디에이고 시민들과 낚시꾼들을 위한 포인트가 되었다. 1940년대 초반 레크레이션 낚시용도로 Del Monte Avenue의 끝에 스틸피어 건설이 시작되었지만, 제2차 세계대전시 국가적으로 철강 부족 사태에 직면하여 그 공사가 중단되었고 결국 피어가 완공되지도 못했다.

1966년 마침내 샌디에고시는 시민들과의 약속을 지키고, 관광객에게 관광목적지가 되며 낚시스팟으로 적합한 장소를 탐색하여 지

---

84) https://oceanbeachsandiego.com/attractions/ocean-beach-pier

금의 나이아가라 애브뉴(Niagara Avenue)에 Ocean Beach Pier를 개장하였다.

최초의 Pier 이름은 San Diego Fishing Pier이었으며 현재까지 그 명패는 존재하고 있다. 캘리포니아 남부의 가장 뛰어난 낚시포인트인 Point Loma Kelp Beds에 돌출되어 있는 피어이다.

⑤ 주요 이슈[85]

OB Pier는 태평양으로부터 발생하는 폭풍의 영향으로 생기는 큰 파도로 인해 큰 피해를 겪게 된다. 높은 파도가 피어 위를 강습하기 때문에 방문객들의 안전을 위해 날씨에 따라 pier를 폐쇄하는 경우가 종종 발생한다. 1991년 겨울 폭풍으로 인한 pier의 부분적 파손을 복구하기 위해 2백만 달러가 사용되었다. 이처럼 OB Pier는 계절에 영향을 받으며 주기적으로 만조 시기에 게이트를 폐쇄한다.

(2) 관광환경

① 가치

- 역사적 가치

피어는 관광객과 낚시꾼들에게 태평양에서의 다양한 낚시경험을 제공하기 위해 Mission Bay Bridge와 Del Monte Avenue조성의 일환으로 만들어졌다. 2016년 지역주민, 낚시꾼, 관광객들이 모여 많은 관심 속에서 피어 50주년을 맞이했다.

- 문화적 가치

미국 서해안에서 가장 긴 피어이자 세계에서 가장 긴 콘크리트 피

---

85) https://oceanbeachsandiego.com/attractions/ocean-beach-pier

어로서 T자형 외관으로 그 독특성을 더한다. 헤드부분에 나눠진 양 방향에 따라 수심 8m-9m 아래 서식하는 다양한 어종을 낚시할 수 있다. 피싱피어로서의 포지셔닝으로 인하여 지역경제에 특화된 해양 관광산업 발전에 기여하고 있다.

- 환경적 가치

미국 태평양 연안 캘리포니아 남부의 가장 뛰어난 낚시 지역중 하나인 Point Loma Kelp Beds로 돌출되어 있다. 또한 낚시방법, 물고기 크기 제한 등의 어획 규제와 야생동물 스포츠 낚시 규정이 엄격하므로 지역차원에서 해양생태계 보존에 노력하고 있음을 알 수 있다.

② 관광환경

▶ 주변 매력관광물

피어주변에 Dog Beach,[86] Balboa Park,[87] SeaWorld,[88] San Diego Natural History Museum[89] 등이 위치해 있어, 피어와 연계된 다양한 관광상품 개발이 가능하다.

---

86) 샌디에이고 오션비치의 북쪽 Sandy에 위치하고 있는 독창적인 24시간 강아지 해변이며 목줄 없이 개의 출입을 허가하며 개들의 산책, 서핑이 가능함

87) 4,856,228m²의 공원으로 15개의 박물관, 동물원, 레크리에이션 시설, 85개 이상의 예술 공연 및 국제기구가 존재하며 문화 복합체로서 1915년 중앙아메리카 대륙을 관통하는 파나마 운하의 개통을 기념하기 위한 캘리포니아 박람회의 개최지로 사용된 곳

88) 바다에 사는 동물을 모아 놓은 세계 최대 규모의 해양생물 테마공원이며 샌디에이고의 꼭 보아야 할 명소 중 하나로써 가족용 레저를 목표로 한 테마파크와 돌고래 쇼 및 수족관이 있음

89) 지구의 과거, 현재, 미래에 관한 전시 및 환경과 관련된 정보를 제공하고 경험할 수 있도록 하는 '자연사 박물관'

4) 멕시코 Playa Los Muertos Pier

북태평양 연안의 북아메리카대륙의 멕시코에 위치한 Pleasure Pier.

자료출처 : visitpuertovallarta.com/activity/los-muertos-pier

<그림 34> 전체 모습

자료출처 : google.com/earth

<그림 35> 위성지도

(1) 개요

① 물리적 현황

위치	멕시코 태평양 연안 Puerto Vallarta
주소	Francisca Rodríguez, Col. Altavista, Emiliano Zapata, 48380 Puerto Vallarta, Jal., 멕시코
좌표	20°36'02.6"N 105°14'21.8"W
설립연도	2013년
공사개발기간	3년
재원	240만 달러90) (26억 3,040만 원)
설계자	Jose de Jesus Torres Vega
유형	pleasure

② 운영주체, 운영단체

소유권은 푸에르토바야르타(Puerto Vallarta)시로 되어있다. 자세한 정보는 홈페이지를 통해서 정보를 취득할 수 있다. 피어건설시 Hotel Marol Don Juan Peña Dávalos의 소유주, 연방정부, 주정부가 주로 자금을 조달했다. 피어 입장시 별도의 요금은 책정되어 있지 않다. 피어로부터 직접적인 수익 창출은 없지만, 피어가 관광목적지의 매력물이 되어 방문한 관광객이 주변의 매력물과 연계된 관광상품 경험으로 부가가치를 창출할 수 있다.

③ 주요시설 및 특징

멕시코 건축상을 수상한 건축가인 José de Jesús Torres Vega가 피어 디자인을 담당하였다. 처음 조성된 피어와 달리 피어 리뉴얼 프로젝트의 목적은 새로운 피어개발을 통한 푸에르토 바야르타 지역

---

90) http://www.casavalerie.com/blog/

을 세계 예술의 중심지와 세계적 관광목적지로 바꾸는 것이었다.[91]
프로젝트를 통하여 328m 길이, 200m 높이, 하부 기둥은 약 30개를
갖춘 피어형태가 만들어졌다.

2013년 1월 4일 완공되었을 때 개장식에는 지역주민 참여형 취임
식과 축하 이벤트가 진행되어 공연과 불꽃놀이 등이 진행되었다. 피
어 준공 이후 도시의 랜드마크 기능을 수행하고 있는 바 Puerto
Vallarta를 방문하는 관광객은 거의 모두 피어를 방문하게 된다. 특
히, 피어 중간의 원형에는 돛 모양의 구조물이 설치되어 공공디자인
의 미적 질제고에 기여하였다. 또한 LED 등을 설치하여 야간조명을
통해 도시해변의 야간경관을 제고시키며 원근에서 야간의 상징물로
서 랜드마크 기능을 수행하고 있어 야간시 매력물로서 관광객의 야
간관광활동 체류시간 증진과 만족도 제고에 기여한다.

④ 역사

20세기 중반인 1960년에서 1970년 사이에 조성된 초기 피어는
구조적으로 불안정한 목재구조물이었다. 도시발전에 대한 비전 아래
항구기능을 수용하기 위해 대형선박의 정박 필요성이 제기되었으며,
기본 목재되신 콘크리트와 철제 등의 소재를 활용하여 안전성과 내
구성, 미관을 해결하기 위한 새로운 피어 재개발의 필요성이 제기되
었다. 기존의 평범한 피어에서 화려하고 상징성이 높은 돛 모양의
건축물로 디자인하여 도시의 해안경관의 품질을 제고를 달성하고자
하였다. 이로인해 로스 뮤에토스 비치(Los Muertos Beach)의 남쪽
끝에 위치해있던 기존 피어의 대체가 결정되었고 푸에르토 바야르

---

91) www.puertovallarta.net%2Fwhat_to_do%2Fplaya-los-muertos-pier

타의 도심 전체를 재개발하는 프로젝트의 일환으로 2013년에 피어가 완공되었다.

자료출처 : visitpuertovallarta.com

<그림 36> 과거 1960년대 피어모습

자료출처 : visitpuertovallarta.com

<그림 37> 현재 피어모습

(2) 관광환경

① 가치

- 역사적 가치

이 피어는 움랑가 부두(Umhlanga Pier)와 고래뼈부두(Whale Bone Pier)와 함께 2014년 CNN Travel에서 선정한 세계에서 가장 아름다운 피어 리스트에 올랐다.

- 문화적 가치

독특한 디자인과 더불어 아름다운 해양경관을 제공하며 특히 Banderas Bay 해변의 일몰경관이 뛰어나다. 또한 일상권의 비일상성을 제공하기 위해 하루에 한번 정도 불꽃쇼를 보여준다. 지역주민들에게는 일상의 레저공간으로서 방문한 관광객들에게는 관광목적지의 매력물로 포지셔닝되어 있다. 피어가 지역의 해양문화와 어떻게 결합되어 방문한 관광객과 어떤 chemistry를 이루는지를 잘 보여주는 피어의 성공사례라고 할 수 있다.

- 환경적 가치

피어 헤드에 선착장이 있어 보트나 요트를 타고 반대편에 있는 Las Ánimas, Quimixto, Mismaloya, Yelapa와 같은 섬과 주변의 아름다운 해변에 이르는 교통기능도 제공하고 있다. 해양환경과 조화로운 디자인을 지닌 돛 모양의 구조물은 지역전체의 해양경관 가치제고에 기여하는 환경친화적 구조물이라고 할 수 있다.

② 주요 관광매력물

- 조나 로맨티카 (Zona Romantica)

조나 로맨티카는 우리말로는 낭만적인 지역으로 불리며, 올드 발라타(Old Vallarta) 라고도 불린다. 푸에르토 바야르타에서 가장 번잡한 도심지역으로 가로는 좁지만 광장과 많은 상점, 카페, 바 및 레스토랑이 있다. 특히, 이곳은 말레콘과 동선이 연결되어 있어 관광객들의 명소가 되고 있다.

- 과달 루페 성모교회 (Parroquia de Nuestra Señora de Guadalupe)

카톨릭이 국교인 멕시코의 종교적 특성을 고려할 때 성당은 일상생활의 중심지가 된다. 성모교회는 푸에르토 바야르타 도시의 아이콘이며, 방문하면 꼭 들러야 하는 관광매력물이다. 이 교회는 황제 멕시밀리안 왕후의 왕관 모양을 본 따서 만든 왕관형태로 1965년에 완공되어 교회건물 위에 올려졌다고 한다. 이 지역의 종교적 중심점으로서뿐만 아니라 도시의 페스티벌 중심지 기능을 수행하고 있다.

- 말레콘 (Malecon)

푸에르토 바야르타 도시의 해변 산책로로서 지역주민과 관광객이 자주 찾는 만남의 장소이며 일상과 비일상의 문화가 접촉하는 장소로서 다양한 요소들이 표출되는 곳이다. 야자수 아래에서 거리의 악사들이 하는 공연도, 멕시코 전통민속음악을 연주하는 뮤지션들의 버스킹공연도, 마임 퍼포머들의 공연도, 멕시코의 거리 음식도 경험할 수 있다. 또한 해변의 모래사장에서는 샌드아티스트들의 모래조각 작품과 작업모습들도 볼 수 있으며 특히 수평선으로 석양이 질 때 아름다운 일몰도 감상할 수 있다.

2. 대양, 남태평양 연안의 피어

1) 칠레 Vina del Mar Vergara Pier

남태평양의 남아메리카대 칠레 연안에 위치한 Pleasure + Fishing Pier.

자료출처 : google.com/earth

<그림 38> 위성지도

(1) 개요

① 물리적 현황

베르가라 피어는 칠레 발파라조주(Región de Valparaíso)의 태평양 연안에 있는 최고의 해양휴양형 도시 비나 델 마르(Viña del Mar)시 서쪽에 위치하고 있으며, 주소는 San Martín 925, Viña del Mar, Región de Valparaíso, Chile이다. 좌표는 33°00'40.4"S 71°33'13.9"W 이다.

② 운영시간

무료개방이며, 매일 오전 8시부터 오후 7시까지 운영하며, 국군의 날이나 독립기념일 같은 국경일에는 운영 시간이 달라진다.

③ 주요 시설 및 특징

총 길이 150m의 베르가라 피어는 복층구조로 된 특이한 형태의 피어이다.[92] 상층부에서는 태평양의 해양경관을 전망할 수 있는 플레저 피어(Pleasure Pier)의 기능을 하층부에서는 레크레이션 낚시가 가능한 피싱 피어(Fishing Pier)의 기능을 동시에 수행한다. 특이 사항으로 피어 우측변에 돌출된 크레인의 존재인데 과거 임시 정박한 선박의 운송 및 하역 지원시설로 사용되었기 때문이다. 베르가라 피어의 하부의 기둥은 콘크리트 기둥으로 되어 있으며, 상부는 철제로 된 들보가 격자무늬로 구성되어 있다.

---

92) https://www.google.com.mx/search?ei=E3meW9DCN8S78QWzkYeYDw&q=muelle+vergara& oq=muelle+vergara&gs_l=psy-ab.3..35i39k1l2j0j0i30k1l7.8733.8733.0.9085.1.1.0.0.0.0.128.128.0j 1.1.0....0...1c.1.64.psy-ab..0.1.127....0.qnIANmW6Fzw

<그림 39> 피어의 크레인과 입구

현재(2018년) 베르가라 피어는 해양관광매력물로써 리모델링되어 주변의 해변산책로, 전망대와 더불어 매력물의 연계를 통하여 도시의 관광만족도 제고에 기여하고 있다. 특히, 아카풀코 해변(Playa Acapulco)와 엘 솔 해변(Playa El Sol) 사이에 있기 때문에 해양관광객들의 방문이 많을 뿐만아니라 지역주민의 레저공간으로서 역할도 동시에 수행하고 있다.

④ 역사

베르가라 피어의 역사는 비냐 델 마르의 포블라시온 베르가라(Población Vergara) 도시사(都市史)와 동일하다고 할 수 있다. 원래 피어의 최초 명칭은 '포블라시온 베르가라 피어' 이었으며, 초창기에는 특정 산업단지의 화물운송을 담당하는 기능을 수행하였다. 하지만 곧 피어와 주변의 창고를 비냐 델 마르의 설탕정제회사(CRAV)가 인수했으며, 1932년까지 운영을 맡았다. 이후 국고로 귀속되어 높은 관세로 운영되었음에도 물류기능을 수행하는 피어로써 활성화 되었고 당시 크레인도 설치되었다.

그러나 점차 비냐 델 마르의 항만산업이 쇠퇴함에 따라 피어의 용도는 취약성을 드러내었고, 1983년 관광객의 방문을 유도할 매력물로 변화되면서 피어는 해양관광목적지 기능을 수행하게 되었다. 2000년 비냐 델 마르시에서는 피어를 역사적인 건축물로 선언하였지만 2014년까지 화재와 지진 등의 사건·사고를 겪으면서 잠시 폐쇄되었다가 재개장되었다.[93]

⑤ 주요이슈

베르가라 피어는 최초 건설 이후 계속된 노후화로 인하여 구조적으로 훼손이 진행되면서 피어를 방문한 관광객과 지역주민의 안전에 위험이 될 수 있다는 판단 아래 2007년 잠정폐쇄를 결정하였다. 그 해 시당국은 이 피어의 관광매력물 리모델링을 허가받았다. 그러나 피어가 강한 지진이나 대형 파도에 대한 내구성을 유지하기 위한 복원공사에 200만 페소(약 32억)가 소요된다고 하여 당국의 투자를 망설이게 하였다. 2009년 4월 고의성 높은 방화사건으로 피어의 많은 부분이 소실되었고 시당국은 방치될 경우 범죄온상으로 전락하는 것을 막기 위해 피어 재개발을 결정하였다. 이후 2016년 11월 28일에 피어재건축이 완료된 이후 일반대중에게 개방되었다.[94]

93) Wikipedia https://es.wikipedia.org/wiki/Muelle_Vergara

94) Wikipedia https://es.wikipedia.org/wiki/Muelle_Vergara

(2) 관광환경

① 가치

- 역사적

베르가라 피어는 역사적으로 포플라시온 베르가라라는 도시역사와 궤를 같이 해왔다고 할 수 있다. 최초 건립당시 화물운송을 위한 용도로 사용되었지만, 재건축을 통하여 관광용으로 기능을 전환하였다. 해양경관감상을 비롯한 낚시까지 겸용형 피어로서 그 특성을 지니고 있다.

- 환경적

베르가라 피어가 있는 비냐 델 마르는 원래 해양휴양형 관광목적지이기 때문에 관광객들이 비냐 델 마르를 방문해서 주변에 카지노를 찾거나 역사박물관, 원형 극장을 방문하는 등 문화관광활동에 참여한 뒤 해변에서의 해양관광활동도 동시에 참여가능하다. 특히 엘솔 해변에 위치하여 해양관광과 문화를 같이 동시에 향유하는 시너지 효과가 있다.

② 관광매력물

- Viña del Mar International Song Festival

남아메리카에서 가장 규모가 크며, 가장 오래된 뮤직 페스티벌이다. 1960년부터 개최되었으며 매년 2월 셋째 주에 페스티벌이 진행된다. 장소는 15,000명의 수용력을 지닌 퀸타 베르가라 원형극장(Quinta Vergara Amphitheater)에서 개최된다. 베르가라 피어에서 차로 7분, 대중교통으로는 15분이 소요되는 곳에 위치하고 있다. 세계 각국의 유명한 뮤지션과 남아메리카의 유명한 뮤지션들이 모여서

우리나라의 '나는 가수다' 포맷과 비슷하게 뮤지션끼리 경연대회를
한다. 이 페스티벌은 피어가 위치한 연안에서 가까운 곳에서 개최되
는 특성으로 인하여 도시와 지역의 해양문화콘텐츠로서 경쟁력을
유지하는 해양문화매력물이라고 할 수 있다.

자료출처 :
http://www.bahiabonita.cl

자료출처 : diariodoturismo.com.br

      <그림 40> 포스터   <그림 41> 공연

- 폰크박물관(Museo Fonck)은 칠레의 북부, 중부, 남부의 역사와
  원시문화를 일괄적으로 관람할 수 있다. 특히, 이스터섬(Easter
  Island)에서 직접 가져 왔다는 모아이(Moai) 석상을 볼 수 있다.
  이스팀섬은 행정구역상 발파레이소주에 속하기 때문에 기념품
  가게에는 석상을 테마로 한 다양한 기념품들이 있다.
- 1905년에 지어진 카스티요 울프는 역사적 보존가치가 인정되어
  1995년에 국가기념물로 지정되었다. 이 저택은 칠레에 정착한
  독일 출신 구스타프 아돌프 울프 모울에 의해 건축, 건축가 알
  베르토 크루즈 몬트를 거쳐 독일과 프랑스 건축양식이 혼합된
  형태이다. 1946년 울프가 세상을 떠난 다음, 여러 소유주에 의

해 독특한 스타일이 가미되었으며, 현재 비냐 델 마르의 해양관
광목적지로서 해양경관을 전망할 수 있는 해안가 성(castle)으로
서 그 가치가 매우 높다.

2) 호주 Shorncliffe Pier

남태평양 오세아니아대륙의 호주 연안에 위치한 Fishing Pier.

자료출처 : google.com/earth   자료출처 : brisbane.qld.gov.au

<그림 42> 위성지도   <그림 43> Shorncliffe pier

(1) 개요

① 물리적 현황

호주 퀸즐랜드주 브리즈번에 위치하고 있으며, 주소는 Shorncliffe Pier
Park Parade, Shorncliffe QLD 4017 Australia이며, 좌표는 27°19'25.4"S
153°05'01.6"E이다.

피어 공사기간은 2015년에서 2016년 5월이며 2016년도에 완공되
었으며, 공사비는 호주달러(AUD)로 20만달러였다고 한다.[95] 피어

---

95) https://www.brisbane.qld.gov.au/facilities-recreation/parks-venues/parks/parks-suburb/
   shorncliffe-parks/shorncliffe-pier-renewal-project

설계는 F.D.G. Stanley 이었으며, 공사는 Sandgate Pier Company[96]
에서 담당하였다.

② 운영주체

운영주체는 Brisbane City Council[97]이다.

③ 주요시설 및 특징

> 유형: Fishing pier[98]
> 총 길이: 351.5 metres (1,153 ft)
> 폭 길이: 5.5 metres (18 ft)
> 소재: 목재(timber)

Shorncliffe 해변에 위치한 pier는 상부에 Pavilion이 있어 방문객의
쉼터와 경관조망을 제공하며, 특히 일몰경관이 아름다워 사진촬영지로
알려져 있다. 편의시설로 낚시로 잡은 어류 세척용도로 만든 스테이션
(fish cleaning station), 일정한 간격으로 배치한 음수대, 벤치, 화장실 등
이 준비되어 있다. 특히 야간 이용객을 위해 가로등이 설치되어 있다.
또한 그 지역에 서식하는 물고기와 낚시허용/불가를 나타내는 어
종별 규격과 설명 등이 기록된 낚시안내도와 Pier 역사를 이해하는
데 도움을 주는 관광해설판도 마련되어 있다.

---

96) http://blogs.slq.qld.gov.au/jol/2016/04/26/the-new-shorncliffe-pier/
97) 브리즈번은 26개 기초지방자치단체로 구성되며, 27명의 의원을 보유한 호주에서 가장 큰 지방정부
   이며, Brisbane City Council 브리즈번의 시의회
98) https://en.m.wikipedia.org/wiki/Shorncliffe_pier

④ 역사[99]

<그림 44> Sandgate Pier

　Shorncliffe와 인근 해안 교외지역인 Sandgate는 브리스빈 거주자
들의 공휴일이나 휴일 방문목적지로서 해변가 교외지역에 위치하고
있었다. 1865년 한 회사가 브리스빈과 Sandgate간의 상호교류를 제
고시킬 목적으로 피어 건설을 위하여 연방정부를 상대로 로비도 했
지만 결과적으로 실패하였다. 이후 William Deagon이라는 지역 호
텔소유주가 1879년 자신의 호텔 맞은편에 제티(jetty)를 건설 하였
다. 현재 피어보다 규모는 작았지만 트램(tram) 노선을 설치하였다.
　1882년 당시의 jetty가 부적합한 것으로 판단되어 1883년과 1884
년 사이에 새로운 피어를 조성하였다. 최초 260m 길이로 완성되었
지만 썰물 때 선박(ferries)들의 안전한 정박을 목적으로 91.5m 더 확

---

99) https://en.m.wikipedia.org/wiki/Shorncliffe_pier 자료를 참고로 재구성

장되었다. 당시 피어 출입시 비용을 지불하였다고 한다. 정박서비스는 성공을 거두었지만 1928년 브리스번으로 가는 선박 출항이 마지막이 되었다. 당시 피어에는 게임용 기계를 갖춘 오락실과 천장이 없는 영화관도 있었다. 1950년대 퀸즈랜드(Queensland)주 최초의 여성 인명구조대(lifesavers)인 the Sandgate Ladies Life Saving Club가 피어에서 샤워 및 탈의실을 이용하였다.

피어는 거의 100년 동안 Bramble Bay 방향으로 확장하고 있다. 2000년도 후반 피어는 새단장을 위해 새롭게 페인트를 칠하였다. 피어로 연결된 보도는 주변 공원들과 함께 2008년 대규모 보수공사가 진행되었으며, 브리즈번 시의회(Brisbane City Council) 프로젝트의 일환으로 관광객 유치와 교외 해안지역 매립을 진행하였다.

2011년, Sandgate pier는 영국 상업용 TV 광고인 Homebase DIY의 로케이션을 사용되어졌고 광고기간 동안 광고목적에 부합되게 한시적으로 개조하였다.

2012년도 초, 피어는 목재에 기생하는 해충(marine borer)에 의해 불량상태로 판명되어 잠정폐쇄되었으며, 이 과정에서는 현장 기술자들의 보고서 채택이 영향을 미쳤다. 당시, 브리즈번시장이었던 그레이엄 퀴크(Graham Quirk)는 '우리는 확실히 어떤 pier를 다시 세우고 싶어할 것이라'고 말했다.[100] 2012년 5월 피어 재개발(renewal)에 대한 발표가 있었고, 2013년 중반에 새로운 디자인안이 공개되었지만 현존하던 기존 피어와 동일한 길이, 너비, 설계를 유지하였다. 피어의 하부구조는 콘크리트와 스틸로 되어 있으며, 상부는 목재로 된 데크, 난간(handrails), 돔형구조물(rotunda)로 구성되어 있다.

---

100) https://en.m.wikipedia.org/wiki/Shorncliffe_pier
   "we would certainly be wanting to erect a pier of some sort"

2014년 후반부터 2016년 초반까지 Shorncliffe Pier Renewal Project라는 이름으로 재생공사가 진행되었으며, 기존 Sandgate pier 제거 작업은 2014년 11월 중순에 실시되어, 2015년 초에 마무리 되었다. Shorncliffe pier는 Bluewater Festival[101]의 시작과 함께 2016년 3월 25일 금요일 공식적으로 일반인에게 공개되었다.

(2) 관광환경

①가치

- 역사적 가치

Shorncliffe pier는 브리즈번에서 가장 큰 목재 부두이며, 그 원형은 1880년대에 조성되었다. 또한 호주에서 가장 긴 레크리에이션용 피어로서 Bramble Bay방향으로 향하고 있다.

- 문화적 가치

Pier는 브리즈번의 랜드마크로써 해양관광목적지의 핵심으로 포지셔닝 되어 있어 관광객에게 핫스팟으로 인식되어 있다. Bramble Bay의 상징성과 더불어 Brisbane City Council의 역사성을 함위하고 있다.

- 환경적 가치

Bramble Bay 해변에 위치한 인공구조물로서 아름다운 일몰경관을 관찰할 수 있으며, 낚시를 통해 지역의 해양생태계를 학습하는 교육적 기능도 수반하고 있다.

---

101) http://bluewaterfestival.org.au/

② 관광매력물

- Brisbane to Gladstone yacht race

연례적으로 개최되는 이벤트로써 부활절 전 수난절(Good Friday)에 시작되며 프리미엄급 Blue Water Classic은 Moreton Bay의 Shorncliffe에서 출발하여 Gladstone Harbor가 종착점이 된다. Courier Mail Cup(호주에서 가장 오랫동안 연속되어 개최된 트로피)을 향한 요트들의 레이스가 퀸즈랜드의 Q15s Icons 중의 하나로 알려져 있다.

자료출처 : www.surftocity.com

<그림 45> 2019년 레이스

3) 뉴질랜드 New Brighton Pier

남태평양의 오세아니아대륙의 뉴질랜드 연안에서 남극방향으로 위치한 Pleasure + Fishing Pier.

자료출처 : google.com/earth

<그림 46> 위성사진

자료출처 : en.wikipedia.org

<그림 47> 뉴브라이튼피어의 파노라마 사진

(1) 개요

뉴질랜드의 크라이스트처치 시티(Christchurch City)에서 자동차나 버스를 타고 해안방향으로 25분 정도 가면 크라이스트처치를 대표하는 뉴브라이튼(New Brighton)해변가에 도착한다. 이곳에는 도서관과 카페, 레스토랑 등과 호주와 뉴질랜드에 있는 가장 긴 피어로 알려진

New Brighton Pier가 있다. 잦은 지진으로 인한 도시를 상징하던 크라이스트처치 대성당은 피해를 받아 무너진 반면, 이 피어는 지진을 견뎌낸 바 지금은 크라이스트처치의 도시 상징물이 되었다.

① 물리적 현황
- 위치 : 뉴질랜드 남섬 캔터베리의 크라이스트처치시 동쪽 해변
- 좌표 : 43°30'21.5"S 172°44'05.8"E
- 주소 : New Brighton Pier, Brighton Mall, 8061 New Zealand

1891년에 피어건설공사가 시작되어 1894년 1월18일 뉴질랜드 총독 글래스고(Glasgow)의 주도 하에 '뉴질랜드 최초의 피어'로 공식 개방되었다. 그러나 세월이 지나면서 부식으로 인한 노후화가 문제되어 시의회에서 내린 철거 명령에 의거, 결국 1965년 10월 12일자로 피어가 철거되었다. 이후 30년 동안 뉴브라이튼 지역 사회를 중심으로 피어의 재건설을 위한 시민운동을 펼치면서 결성한 주민협의회(Pier and Foreshore Society)를 중심으로 로비와 모금 활동 결과, 크라이스트처치 시의회는 200만 달러(한화 약 21억 원) 상당의 기금모금을 통하여 기존 부지에다 새로운 피어를 조성하였다. 1996년 2월 1일자로 시작된 재건축 공사는 1997년 11월 1일자로 완공되었다.[102] 현재의 피어 모양새를 갖추는 데 있어 Christchurch City Council의 City Solution Unit부서를 주축으로 클라크 건설사(Clark Construction), 마페이(Mapei)사에서 공동참여 하였다.

---

102) https://en.wikipedia.org/wiki/New_Brighton_Pier

② 운영 주체, 운영단체

소유권과 경영권은 크라이스트처치 시의회에 관할 하에 있으며, 입장료가 별도로 없다. 2013년 3월부터 피어 방문객 수를 처음으로 공식집계를 내기 시작했으며, 당시 기록으로는 매달 약 15,000명의 방문객이 이용하는 것으로 나타났다. 특히 동년 7월, 즉 여름에 방문객 수가 가장 높게 나타났으며, 주말에도 한 시간에 약 1,000명 이상이 방문한다고 보도되었다.[103] 또한 피어 입구에 위치한 공공도서관의 방문객 수는 연간 380,000명이며, 월 30,000명 정도로 추정되었다.

③ 주요 시설 및 특징
- 최초 피어원형

자료출처 : christchurchcitylibraries.com

<그림 48> **최초** 피어원형

자료출처 : christchurchcitylibraries.com

<그림 49> **최초** 피어원형

<표 7> **최초** 피어원형

길이	600ft(182.88m)	들보 (Beam)	철제구조를 감싸진 카우리소나무(Kauri)
높이	수면 12ft(3.66m)	기둥	타르로 포장한 유칼리나무(Ironbark)
너비	-	설계	The New Brighton Pier Company

103) http://www.pressreader.com/new-zealand/christchurch-mail/20130815/281526518697434

최초의 뉴브라이튼 피어는 1894년 완공된 이후 일반 방문객들에게 개방되었다. 개방 이후 약 70년간 크라이스트처치 시민들에게 전통적인 영국식 라이프스타일을 반영한 휴양형 목적지로 자리매김 하였다. 피어 상부는 도보공간으로 산책을 위한 동선을 따라 다양한 게임과 놀이시설, 심지어 나이트클럽 시설까지 포함하는 "페니 아케이드"가 있었다. 피어는 수년 동안 도시의 유일한 쇼핑센터 역할도 감당하였으며, 해변 나들이를 위한 기능도 보완해 주었지만 1965년 피어의 노후화 정도가 심해져 결국 시의회에서 철거 명령을 내렸다.[104][105]

- 현재의 피어

<표 8> 현재 피어 정보

길이	300m	데크	900mm, 두꺼운 PS 콘크리트
높이	만조 수위 7m	기둥	17개, 지름 1.4m, 너비 20m
너비	6m	설계	Christchurch City Council City Solutions Unit

1997년 새로운 피어가 건설되면서 1999년 피어의 연안육역 시작지점에 뉴브라이튼 공공도서관, 카페 및 레스토랑이 건축되었다. 도서관 건물 2층에서 바로 피어로 진입할 수 있는 동선이 연결되어 있다. 또한 바다에 들어가지 않고 바다를 체험할 수 있는 피어 본연의 장점을 최대한 살린 설계로 인하여 썰물 때에도 피어의 대부분은 수면 위 상태를 유지하고 있다.

2007년 피어 10주년을 기념하기 위해 피어 하부에 LED 조명을 설치하여 피어를 중심으로 해변의 야간경관 제고에 기여하였으며,

---

104) https://my.christchurchcitylibraries.com/new-brighton-pier/

105) http://www.nzine.co.nz/features/brighton_pier.html

특히 경관조명은 뉴브라이튼 해변의 아이콘이 되었다.[106] Fishing Pier 관점에서 낚시용 어종으로 게, 붉은 대구, 카와이(kahawai), 돔 발상어, 숭어 등을 잡을 수 있다. 그러나 지역주민들의 불평으로 2016년 2월 7일부터 매주 일요일 오전 10시부터 오후 5시까지는 낚시가 금지되어 있다.[107]

④ 역사

1888년 해변의 사업자들과 지역주민들이 모여 피어 건설을 위해 뉴브라이튼 피어회사(the New Brighton Pier Company)를 설립했다. 최초의 설계안은 30ft의 너비와 700ft의 길이로 피어를 건설하는 것이었다.[108] 첫 피어용 기둥이 1891년 5월 2일자 해저에 박힌 이후 1894년 3년에 걸친 공사가 마무리되어 준공되었다. 완공과 동시에 개방된 당시의 피어는 피어 시설과 입구의 회전식 개찰구만 있었다고 한다. 따라서 개방이후 금방 잠정폐쇄를 한 뒤 투자자를 모집하여 개인 소유의 카페와 다양한 엔터테인먼트를 갖춘 시설들을 도입하였다. 피어에서 낚시는 레너드 햄프턴(Leonard Hampton)은 아이디어에서 나왔다고 한다.[109]

1965년 피어 노후화가 가속화되어서 시의회에서 철거를 명령했으며, 동년 10월 12일 밤, 라이언 형제(Ryan Brothers)가 불도저를 이용하여 만조시 철거를 시작하여 조수에 따라 작업을 진행하였다.[110]

1964년 설립된 'New Brighton Pier and Foreshore Society'[111]는 피

106) http://terms.naver.com/entry.nhn?docId=1335102&cid=40942&categoryId=31931

107) https://www.ccc.govt.nz/rec-and-sport/activities/fishing

108) http://www.nzine.co.nz/features/brighton_pier.html

109) http://christchurchcitylibraries.com/Heritage/Photos/Collection22/02329.asp

110) https://my.christchurchcitylibraries.com/new-brighton-pier/

111) 당시 피어재건설을 위한 모금과 조정의 과정에서 가장 중요한 역할을 담당하였던 민간단체이었다.

어 철거 이후 30년간 새로운 피어건설을 위해 다방면으로 노력 하였다. 1997년 최초의 피어를 대체한 새로운 피어가 완공되었으며, 피어 입구에 1999년 뉴브라이튼 공공도서관이 완공되었으며, 도서관 2층에서 피어와 바로 연결되도록 설계되었다.

⑤ 주요 이슈

2011년부터 뉴질랜드를 강타한 잦은 지진은 국가 전체에 계속적으로 많은 피해를 입혔지만, 특히, 2016년 2월 14일 크라이스트처치에 직격탄을 날린 지진은 도시 전체에 심각한 피해를 끼치었다. 피어 하부의 기둥 중 일부가 손상되었으며, 상부의 갑판 및 난간의 외관 손상 등의 피해가 발생하여 이를 복구하기 위한 프로젝트가 2017년 8월 중순부터 12개월동안 진행되었다.

자료출처 : www.stuff.co.nz

<그림 50> 수리 중인 피어

현재까지도 뉴브라이튼 연안과 주변 지역사회의 개선 및 홍보를 위해 노력하고 있다.

복구작업 대부분을 해저에서 진행하였으며, 신속하고 정확한 복구를 통해 피어 주변 해양환경 악화를 막으면서 피어의 수명을 연장하도록 진행되었다고 크라이스트처치시 공공서비스 담당 총괄책임자인 데이비드 아담슨(David Adamson)이 전했다. 피어 보수공사 예산으로 약 970만 달러가 투입되었으며, 2018년 2월 완공되었다. 보수 공사 중 피어의 3분의 2 정도는 부분 폐쇄가 결정되었으며, 보수과정에서 공사진행 속도에 따라 폐쇄 구역을 줄여나갔다고 한다. 또한 뉴브라이튼 공공도서관도 보수를 위해 폐쇄됐지만, 2017년 2월 13일 곧바로 재개장되었다.

그러나 보수공사가 진행되면서 복구 관련 차량 등의 진출입시를 제외하고 피어와 피어주변에 일반대중에게도 피어 진입은 허용되었으며, 불꽃축제, 서핑 챔피언십 등의 페스티벌등은 예정대로 진행되었다.

자료출처 : www.stuff.co.nz

<그림 51> 가이 폭스 데이 불꽃축제

(2) 관광환경

① 가치

- 역사적 가치

총 길이 300m로 호주와 뉴질랜드 등 오세아니아에서 가장 긴 피어이다. 2011년 2월 22일 발생한 지진에 크라이스트처치의 대성당은 심한 손상을 입었지만 피어는 견뎌냈다고 전해져 도시의 아이콘이 되었다.

- 문화적 가치

피어 헤드에서 낚시가 가능하며, 산책을 위한 좋은 공간으로 지역주민에게도 해양문화의 향유를 느끼게 하는 공간이다. 또한 입구의 공공도서관 개장 이후 해양관광목적지로서 뿐만아니라 지역사회의 거점으로서 역할도 담당하고 있다. 뉴브라이튼 해변은 완만한 경사에 파도가 높아 서핑에 좋고, 해변의 모래사장의 모래질이 부드러워 샌드아트를 하기에 적합하여 샌드아티스트들이 많이 찾는다고 한다.

- 환경적 가치

민간단체인 New Brighton Pier and Foreshore Society의 계속적인 관심과 지원으로 피어와 피어 주변의 해양환경에 대한 지속적인 모니터링을 통해 해양과 연안생태계가 환경친화적으로 관리되고 있다.

② 관광매력물

- 가이 폭스 데이(Guy Fawkes)

가이 폭스(Guy Fawkes)를 포함한 로마 가톨릭 교도들이 영국 국회의사당을 폭파한 뒤 왕을 암살하려고 기도했던 화약음모사건의 실패를 기념하는 축제이다. 매년 11월 5일이 되면 불꽃을 쏘아 올리며, 가이 폭스 인형을 불태우기도 한다. 영국에서 시작되었지만 지금은 영연방 국가에서 이벤트로 많이 개최된다.

뉴브라이튼 피어에서 오후 9시부터 10시까지 진행되는 화려한 불꽃놀이 이벤트로서 불꽃놀이가 시작되기 전에는 라이브 밴드연주의 공연에 참가하거나 피어 주변 음식 가판대 등에 몰려 지역음식을 맛볼수 있다.

- 서핑 챔피언십(The Duke Surfing Comp)[112]

3월에 총 3일간 진행되는 서핑 대회이다. 5살부터 13살의 어린 서퍼들이 하는 그룹 서핑(Grom Surfing), 8~10ft(m)의 길이의 서핑보드를 이용한 롱보딩(Longboarding)을 선보인다. 참가비는 있지만 관람은 무료이다.

- Kite day

매년 1월에 열리는 행사로 입장료 없이 뉴브라이튼 해변에서 연을 날리는 날이다. 여러 나라에서 연 만드는 사람들이 참가하기 위해 뉴질랜드로 온다고 한다. 연은 직접 만들거나 주변 상점에서 살 수 있다.

3. 대양, 대서양 연안의 피어

1) 미국 펜실베니아주 Race Street Pier

대서양 북아메리카 대륙 미국 델라웨어만[113] 델라웨어강에 위치한 Pleasure Pier.

---

112) http://newbrightononline.nz/event/e/the-duke-surfing-comp
113) Delaware Bay. 길이는 85km, 너비는 180m의 미국 동부 대서양 연안에 있는 만. 뉴저지주(州)와 델라웨어주 사이에 있는 좁고 긴 만으로, 두 주 경계의 일부를 이룬다. 라웨어강(江)과 앨러웨이 강이 만나는 지점에서 뉴저지주 메이곶(串)과 델라웨어주 헨로펀곶 사이의 입구까지 남동쪽으로 뻗어 있다. 전형적인 삼각강(三角江)을 이루고 있으며, 델라웨어강이 흘러들고 그 우안에는 윌밍턴이 있다. 양안(兩岸)은 비교적 낮고, 빙기(氷期) 퇴적물로 뒤덮인 해안평야로 이루어졌다. 수운(水運)으로 이용될 뿐만 아니라 연안에는 휴양지도 발달되어 있다. 델라웨어강 수로에 의하여 북쪽으로 필라델피아와 연결된다(자료출처: 네이버 지식백과, 두산백과).

자료출처 : google.com/earth

<그림 52> 위성지도

자료출처 : google.com/earth

<그림 53> 위성지도

(1) 개요

- 현황과 역사

① 물리적 현황[114]

피어는 델라웨어만의 델라웨어강변에 위치하며, 주소는 N. Christopher Columbus Blvd, Philadelphia, PA 19106, USA이며, 좌표는 40.022489, -75.135607이다. 피어 총길이는 약 150m이며, 하부는 철제기둥으로 경간을 이루며, 상부는 공원 그리고 일부 페리선착장으로 조성되어 있다. 화물선박의 하역을 담당했던 기존 피어가 워터프론트개발 프로젝트가 진행되면서 약 157만달러를 투자하여 도시공원으로 재개발되어 2011년 5월 12일 완공하였다.

② 운영단체, 운영시간, 입장료,[115]

필라델피아(Philadelphia)시 DRWC(Delaware River Waterfront Corporation)가 피어를 운영 및 관리하고 있으며, 운영시간은 오전 7시부터 오후 11시까지이다. 입장료로 $10/일, $20/special events 로 되어 있다.

③ 주요 시설 및 특징[116]

음식물 반입은 가능하나 알코올은 금지되며, 애완견은 목줄을 한 상태로 견주와 동행시에만 출입가능하다. 자전거와 스케이트, 스쿠터 등의 소형 교통수단은 통행 및 운행 금지되어 있으며, 주차시설이 완비되어 있지만 유료이다. 이벤트로 결혼식, 무도회, 요가교실

---

114) http://www.fieldoperations.net/project-details/project/test3.html

115) http://www.delawareriverwaterfront.com

116) http://www.delawareriverwaterfront.com; http://blog.naver.com/jewelrypie/80167994533

등이 진행되며, 페리 승강장도 구비되어 있다.

공원 내 산책로가 조성되어 있어 가족 단위 이용객이 많이 찾으며, 나무벤치 등도 마련되어 있어 휴식과 쉼터 기능을 제공할 뿐만 아니라 강변경관을 감상하거나 교량경관을 감상하는 최적의 장소이다. 또한 DRWC에서 매년 주최하는 불꽃놀이 행사 장소로써 이벤트시 입장료는 150달러로 고가이지만 불꽃놀이 이외에도 음악, 음식, 과자와 디저트, 주류 등이 도시 최고의 레스토랑과 바(Bar)로부터 제공되며, 당일날 무도회도 개최되어 행사 참가자들은 무도회용 신발을 챙겨오기도 한다. 또한 무비 나잇(Movie night) 이벤트도 개최하여 야외 대형 스크린을 통해 영화관람을 하는 독특한 경험도 제공한다.

④ 역사

레이스 스트리트 피어(Race Street Pier)는 필라델피아시의 공공디자인 프로젝트의 야심찬 결과물로서 2011년 5월 12일에 개장하였다. 초창기에 'Pier 11'로 불리기도 하였지만 도시와의 상징성과 정체성의 상관관계를 강화하고 역사성의 연속성을 부여하고자 원래 이름을 회복하여 다시 이름이 붙여졌다.

최초 피어 건축의 목적은 델라웨어강을 통과하는 물류운송 선박의 하역 기능을 담당하는 항만시설 기능이 주목적이었고, 재개발이 진행될 때 최초 목적을 지닌 기능은 부분적으로 수용하되, 시민의 레크리에이션 제공을 주기능으로 하는 설계가 채택되었다. 조경가 제임스 코너(James Corner)의 회사인 필드 오퍼레이션(Field Operation)이 피어의 조경공사를 담당하였으며, 프로젝트 비용으로 157만달러가 책정되었다. 최초 설계안에서 더 나아가 새로운 안이 디자인에 추가되었는데, 강변 산책로와 사교모임 등 도시민의 복지와 커뮤니케이션 관련된 공간확보이었다.

현재 피어를 방문하면 나무벤치, 잔디, 다양한 수종이 있는 도심 속 자연휴양 공간으로의 아름다움을 지닌 매력물로서 또한 수변 관광목적지로서 기능을 수행하고 있다.

⑤ 주요이슈

자료출처 : www.delawareriverwaterfront.com

<그림 54> 피어의 조경디자인 도면

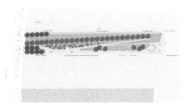

자료출처 : blog.naver.com

<그림 55> 피어의 조경디자인 평면도

피어는 2016년 3월 8일 <필라델피아의 11가지 숨겨진 건축학적 보석 중 하나>로 명명되어, 2016년 미국건축컨퍼런스에서 방문하고 싶은 필라델피아의 매력물 리스트에 등록되었다. 해리스 스텐버그(Harris Steinberg)[117]는 레이스 스트리트 피어를 "개장 초기부터 이 피어는 자석과 같았다. 햇빛을 즐기며 앉을 수 있는 훌륭한 장소이며 벤자민 프랭클린 브릿지의 멋진 경관을 감상하기에도 좋은 장소이다. 이것은 피어가 어떻게 변화할 수 있는지를 보여주는 예고편과 같다."라고 소개하였다.[118]

---

117) 도시계획가이며 건축 및 인테리어 전공
118) https://newsblog.drexel.edu/2016/03/08/11-hidden-architectural-gems-of-philadelphia/

(2) 관광 환경

① 가치

-역사적 가치

1800년대 '말이 달리는 길'로 사용되었다는 의미의 레이스 스트리트(Race Street)에 위치하였고, 1850년대부터 사용되던 옛 지명을 다시 가져와서 오늘날 피어 이름으로 다시 명명되고 있다. 또한 피어는 항구도시로서 오랜 역사를 지닌 필라델피아시의 역사적 유산으로서 도시 역사와 궤를 같이하는 상징성도 지니고 있다.

- 문화적 가치

재개발된 이 피어는 과거 항만기능 중심이었으나 오늘날 도시민의 레저 및 레크레이션 공간으로서 지역의 사교모임 공간으로서 그 역할을 수행하면서 델라웨어강의 수변문화와 잘 조화를 보여주고 있다.

- 환경적 가치

피어 위에 조성된 공원은 도심속 자연생태계가 재생된 공간으로 다양한 종류의 수목과 더불어 도심속 새로운 레크레이션공간으로 그 기능을 수행하고 있다. 강변 워터프론트 개발시 피어의 공원화 프로젝트는 도시개발의 새로운 사례로서 그 가치가 높다.

② 관광환경

- 프랭클린 스퀘어(Franklin Square)는 필라델피아 시민들에게 가장 유명한 공원이라는 평가를 받으며, 규모는 그리 크지 않지만 공원 내에 다양한 놀이기구, 광장, 분수 등이 있다.
- 벤자민 프랭클린 브릿지(Benjamin Franklin Bridge)는 피어 상부를 통과하는 교량으로서 1926년에 완공되었으며, 당시로는 세

계에서 가장 긴 다리였다고 한다. 미국 대통령 벤자민 프랭클린의 이름을 따서 지었으며 야간경관이 아름다워 관광객들의 야간 매력물로 인기가 높다.

2) 미국 플로리다주 Cocoa Beach Pier

대서양 북아메리카대륙 미국 플로리다주 연안에 위치한 Pleasure Pier.

자료출처 : google.com/earth

<그림 56> 위성사진

자료출처 : orlando-rising.com

<그림 57> 전체경관

(1) 개요

코코아비치 피어(Cocoa Beach pier)는 호텔이나 리조트 중심의 관광산업과 낚시 및 서핑 등의 해양레저관광산업이 발달한 코코아비치 해변에 위치하고 있다.

① 물리적 현황

<표 9> 물리적 현황

좌표	28°22'04.2"N 80°36'08.5"W
주소	401 Meade Ave Cocoa Beach, FL 32931
설립연도	1962년(피어 개발계획이 공식화된 것은 코코아비치를 산 구스 에드워즈 (Gus Edwards)가 시장으로 당선되고 한 달 후인 1925년 7월 25일)[119]
재원	건설비용 $150,000[120]
시공업체	Stottler Stagg & Associates Architects(민간)

② 소유자 및 운영주체, 운영방식

소유권과 운영권은 웨스트게이트 리조트(Westgate Resorts)[121]에 있으며, 이 기업은 'Strong Families · Strong Workforce'미션을 추구하며 가족친화적인 피어를 만들기 위해 노력하고 있다. 연매출은 $347,000 (한화 약 3억 9천만원)이며, 매년 백만 명 이상의 관광객이 방문한다고 한다.

피어 영업시간은 매일 오전 6시에서 오후 11시까지 이며, 피어 입장료는 낚시를 하지 않으면 무료이다.[122] 이용패턴의 경우, 주말에 비

---

119) http://www.alamy.com/stock-photo-the-pier-in-cocoa-beach-florida-usa-30005815.html

120) http://www.cityofcocoabeach.com/162/History-at-a-Glance

121) 1982년에 설립되어 현재 미국 플로리다주, 네바다주, 유타주 등 9개 주에 걸쳐 총 24개의 리조트를 소유하고 있는 기업. CEO는 데이비드 시겔(David Siegel)과 부사장 짐 지시(Jim Gissy) 소유와 운영

122) http://www.cocoabeachpier.com

해 평일 이용객 수가 적고 대부분의 경우, 방문한 관광객이 오후12시에서 오후 6시까지 머무르며, 가족친화형 피어를 추구하다 보니 방학기간에 가족동반 관광객이 집중되는 경향이 있다.

③ 주요시설 및 특징
- **주요시설 소개**
'Fishing'과 'Pleasure'의 복합용 피어로서 대서양 연안해역 방향으로 800피트(약 240m) 돌출되어 있으며, 피어의 폭은 20피트(약 6m), 총 2.5마일(4,000m)길이로 되어 있다. 피어 상부는 목재로 되어 있으며, 하부에는 40피트(약 12m)높이의 기둥 270개가 상부를 지탱하고 있다.

<Fishing 기능 >
매일 오전 6시에 오픈하는 낚시터는 레드피쉬(금붕어), 블루피쉬, 명태, 전갱이, 타폰 등의 어종이 낚시가능하며, 이용요금은 입장료와 장비포함 $20, 자기 소유의 장비를 지참할 시에 $7이다.

< Pleasure 기능>
5개의 레스토랑, 4개의 바(bar), 게임장, 비치용품샵, 비치발리볼 코트 등이 있다.

< Surfing 기능>
코코아비치는 '미국 동부연안의 서핑 거점'으로 명성을 떨치고 있으며 딕 카트리(Dick Catri)[123]나 켈리 슬레이터(Kelly Slater)[124] 등

---

123) Dick Catri(1938년~2017년) : 미국 동부연안 서핑의 대부라고 불리는 서퍼로, 서퍼 켈리 슬레이터의 멘토였다.
124) Kelly Slater(1972년~) : 세계 프로 서핑연맹(Association of Surfing Professionals)에서 11번 월드 챔피

전설적인 서퍼들의 서핑지역으로 유명하며, 프로와 아마추어 서핑축제가 정기적으로 개최된다. 오전 9시부터 오후 6시까지 서핑레슨을 받을 수 있고 Private/Semi-private/group lessons/Surf clinics 4가지 레벨의 레슨이 준비되어 있으며 레슨별로 가격은 다양하고 레슨 시에 서핑보드를 무료로 대여해준다.

④ 역사

1962년 사업가 리차드 스토틀러(Richard Stottler)에 의해 만들어진 이 피어는 1964년에 제1회 서핑페스티벌을 개최한 이래로 미국 동부의 대서양 연안에서 서핑목적지로 확실한 포지셔닝을 하게 되었다. 1983년에 2백만 달러를 투자해 피어 리모델링과 확장공사를 진행하여 1984년에 Canaveral Pier라는 최초 이름에서 Cocoa Beach Pier로 개명하였다. 1989년에는 제1회 Cocoa Beach Festival을 개최하였고, 2014년에 올랜도(Orlando)에 위치한 5성급 호텔리조트 Westgate의 최고경영자인 데이비드 시겔과 짐 지시가 원 소유주인 스토틀러 가족으로부터 이 피어를 매입하였다. 이후 가족친화적인 세계 최상급의 해양관광목적지를 만들기 위해 4백만 달러를 투자하였으며, 리키 티키 테이번(Rikki Tiki Tavern) 레스토랑도 개장하였다.[125]

⑤ 주요이슈

2017년 9월 10일경 플로리다 남부지역에 50-60 mph(200km/h, 최초 281km/h의 Category 5의 최강력 등급)의 강풍을 동반한 대형 허리케인 '어마(Irma)'가 상륙해 코코아비치 피어의 상점과 레스토랑

언을 한 서퍼로, 미국 최대 규모 서핑샵인 론 존 서프샵(Ron Jon Surf Shop)의 오너이다.
125) http://www.cocoabeachpier.com/about-us/history

의 지붕이 부분적으로 훼손되었으며, 3명의 경미한 부상자가 발생했다. 피해 이후 피어를 잠정폐쇄한 후 다음날 오전 6시에 다시 개장을 재개하였다. 현재는 미국해양대기관리국(NOAA)로부터 허리케인 예보가 있으면 피어내 상업시설의 창문 외부에 셔터를 설치하여 시설의 내부 피해를 최소화하며, 허리케인 상륙이 예보된 날에는 피어를 일시 폐쇄하는 조치를 하고 있다.

(2) 관광환경

① 가치

역사적 가치로 코코아비치피어는 미국 동부의 대서양 연안에서 최초의 서핑축제가 개최된 장소이며, 1970년대 Asylum[126]이라는 댄스클럽의 본고장이기도 하다. 문화적 가치로는 'Surfing Capital'로 불릴 만큼 유명한 미국의 서핑목적지로서 해양레저스포츠 문화의 중심지이다. 환경적 가치는 대서양 연안으로 이어지는 비치 리조트의 하나인 코코아비치는 주변 크루즈터미널을 비롯하여 다양한 유형의 고급 호텔 및 리조트 등의 관광숙박시설이 위치하며, 아울러 프레미엄급 쇼핑시설을 갖추고 있다.

② 주변 관광매력물

- Kennedy Space Center Visitor Complex (피어로부터 20마일)
죽기 전에 꼭 가봐야 하는 역사유적지 1001에 소개된 미국 우주개발역사를 한눈에 경험할 수 있으며, 최초의 로켓 발사기지이다.[127]

---

126) Asylum : 어마어마한 조명의 댄스 플로어와 라이브 락 음악을 자랑하는 댄스클럽
127) http://blog.naver.com/hikary_0512/220637851045

- Ron Jon Surf Shop(피어로부터 1.1마일)

1963년에 설립된 미국 최대 규모의 서핑샵으로, 각종 서핑용품과 기념품을 판매하는 곳으로 서퍼들의 성지와 같은 곳이다.

- Lori Wilson Park(피어로부터 2.3마일)

코코아비치와 접해 있어 해수욕을 즐길 수 있고 2015년 The Easter Surf Festival을 개최한 장소이며, 특히, 우주로켓 발사를 관람하기 가장 좋은 공원으로 유명하다. 특히, 공원내 연결되어 있는 다양한 수목들 사이로 조성된 trail이 해변의 새로운 매력물이 되고 있다.

4. 대양, 인도양 연안의 피어

1) 남아프리카공화국 Shark Rock Pier

인도양 아프리카 대륙의 남아프리카공화국에 위치한 Pleasure Pier.

자료출처 : pembba.co.za

<그림 58> 피어전경

(1) 개요

① 물리적 현황

샤크 락 피어는 남아프리카공화국 이스턴 케이프 주(Eastern Cape Province) 포트 엘리자베스(Port Elizabeth)시의 동쪽에 위치하며 주소는 6001 포트엘리자베스 Hobie Beach, Marine Drive, Summerstrand, 좌표는 33°58'39.4"S, 25°39'37.2"E이다. 피어는 인도양과 대서양이 만나는 접점인 호비비치(Hobie Beach) 연안에 위치하고 있다. 샤크 락 피어는 포트 엘리자베스 도시에 소재하는 유일한 피어이며 도시 해변의 거점기능과 더불어 랜드마크를 하는 상징성도 동시에 가지고 있다.

② 운영방식

현재(2018년) 무료입장이며, 낚시(fishing)는 금지되어 있다.[128]

③ 주요 시설 및 특징

샤크 락 피어는 플레저 피어(Pleasure Pier)로서 총 길이 137m이며 피어상부와 하부의 기둥 모두 콘크리트로 건설되었다. 샤크 락 피어의 건설이유는 해변을 찾은 해양관광객들에게 즐거움을 주는 것 그 이상이 있었다. 왜냐하면 포트 엘리자베스 도시의 남쪽 해변들은 하계절 강한 남동풍의 영향으로 인한 계속된 해변 모래 유실로 침식현상이 가속화되었기 때문에 이 문제를 해결하기 위하여 해양공학기술을 도입하여 해류의 흐름을 시뮬레이션 한 후 샤크 락피어를 조성

---

128) https://www.geocaching.com/geocache/GC7B9ZV_shark-rock-pier?guid=bf276cce-c431-4349-a243-8b13ece46485

하게 되었다. 다른 피어와 달리 외관상 독특한 구조로 구성되어 있다. 즉, 일반적인 피어는 상부를 지탱하는 하부 기둥 사이로 해류이동이 자연스럽게 일어나도록 건설하지만 샤크 락 피어는 앞서 침식을 방지하기 위해 방파제 기능을 하는 콘크리트 패널을 설치하였다. 기둥하부 경간은 콘크리트 패널(추가 및 제거 가능)로 된 제방을 축조하여 파도의 높낮이와 해류의 흐름을 조절할 수 있게끔 하였다. 피어 완공이후 해변의 모래사장이 이전보다 확장되었으며, 해안선 침식이 감소됨에 따라 해안선은 조금씩 길어지면서 해변은 원래 기능을 회복하게 되었다. 이로 인해 피어는 해수욕객들의 해양관광목적지로서 뿐만아니라 도시의 랜드마크 기능도 수행하고 있다.

자료출처 : www.craiglotter.co.za

<그림 59> Shark Rock Pier
구조(왼쪽)

자료출처 : www.infrastructurene.ws

<그림 60> Shark Rock Pier
구조(오른쪽)

④ 역사

기후현상으로 인한 도시해안의 지속적인 침식이 가속화되면서 해안선을 보호하고자 1980년대 포트 엘리자베스시에서는 엔지니어 워터메이어 할크로우(Watermeyer Halcrow)와 동료들에게 조사를 의뢰하였다. 솔루션으로 피어건설을 제시하였으며, 특히 피어하부 기둥

사이 콘크리트 패널을 설치하여 방파제 기능도 동시에 수행하는 설계안을 제시하였다.

당시 포트 엘리자베스 해변은 바위투성이로 된 해안선에 작은 '포켓 비치(Pocket Beach)' 형태로 존재하고 있었다. 해변을 찾는 지역 주민과 시민의 바램은 모래사장이 있는 해변이었다. 이를 위한 솔루션으로 당시 해안선을 따라 자연적으로 형성된 곶(cape, 串)[129] 을 연안해역 방향으로 인공적으로 확장시켜 방파제 기능을 수행하도록 하여 곶과 곶 사이 해변에 해류에 의해 이동하는 모래가 점진적으로 퇴적되도록 하여 해변 모래사장을 확보하는 방안이었다. 해변의 연안육역방향으로 더 많은 양의 모래가 이동되도록 인공조성된 부분의 고도를 높이고 호비 비치 북쪽 경계에 위치한 암초의 길이를 연장하는 것이었다. 샤크 락 피어는 1988년부터 공사를 시작해서 17개월이 지나 1990년에 완공되었다.[130]

⑤ 주요이슈

샤크 락 피어는 완공된 후에 20여 년 동안 포트 엘리자베스시를 방문한 관광객에게 도시를 대표하는 매력물로서 큰 즐거움을 제공하였다. 그러나 시설의 노후화가 진행되면서 피어의 보수 및 강화가 필요하게 되었고 이 작업은 2015년 4월부터 약 14주 동안 진행되었으며 이 기간 동안 피어는 잠정 폐쇄되었다.[131]

---

129) 곶은 육지에서 바다를 향하여 돌출된 경우 붙여지는 이름이다. 규모상으로 보면 반도보다 다소 작다. 침수 해안의 경우는 물에 잠기지 않은 산줄기 부분이 곶으로 발달하여 아름다운 경관인 해식애를 볼 수 있으며, 그곳에 등대를 설치하여 항해에 도움을 주기도 한다. 또는 사취가 발달하여 바다의 돌출부로 자리잡는 경우도 있다(자료출처: 네이버 지식백과, 한국민족문화대백과, 한국학중앙연구원)

130) Mype News http://mype.co.za/new/shark-rock-pier-mustseeinpe/81185/2016/12

131) http://www.infrastructurene.ws/2015/04/20/shark-rock-pier-set-for-r2m-upgrade/

한편 범죄 문제도 발생하였는데 2018년 4월경에 자동차 경비원이 샤크 락 피어에서 칼에 찔린 채로 발견되었다. 안전문제가 대두됨에 따라 피어 뿐만아니라 해변과 다른 매력물 주위 경계를 강화하기 위해 순찰대가 그해 7월부터 출범하였다.[132]

(2) 관광환경

① 가치

역사적 가치는 포트 엘리자베스시의 유일한 피어이며 도시의 랜드마크 기능을 수행하는 것이다. 환경적 가치로 피어는 인도양과 대서양을 모두 접하고 있는 것이며, 해양환경 보호차원에서 도시해변의 모래 침식 현상을 방지하기 위해 해양공학기술을 도입하여 도시 전체의 해안선 보호에 기여하였다. 문화적 가치와 관련하여 도시의 호비 비치를 방문한 관광객들이 피어에서 두 대양의 해양경관을 감상할 뿐만 아니라 주변 해안에서 세일링, 윈드서핑 등 다양한 해양레저활동의 참여가 가능하며, 특히 남아프리카공화국의 지정학적 위치와 역사가 해양문화와 융합되어 독특한 지역문화를 형성하는데 기여하고 있다.

② 주변 관광매력물

- 스플래시 페스티벌(Splash Festival)-2018년 3월 30일~4월 2일 개최
남아프리카 공화국에서 제일 큰 비치 페스티벌. 포트 엘리자베스시의 호비비치에서 매년 부활절 기간의 4일 동안 개최된다. 이 행사에는 비치발리볼 및 비치럭비 같은 해양레저스포츠 행사를 중심으

---

132) https://www.heraldlive.co.za/news/2018-05-23-baywatch-unit-to-patrol-beachfront/

로 가수들의 공연과 DJ 컴피티션 등의 엔터테인먼트 행사가 진행되며 수공예품 가판대와 음식 노점도 준비된다. 이 행사의 하이라이트는 행사 마지막날 밤 진행되는 불꽃놀이이다.

자료출처 : www.nmbt.co.za

<그림 61> Festival 행사장

5. 부속해, 유럽 연안의 피어

1) 영국 Clacton Pier

북해(North Sea) 연안에 있는 Pleasure + Fishing Pier.

<그림 62> Clacton Pier 전경

(1) 개요

<표 10> 물리적 현황 및 운영주체, 운영단체, 경영방식

위치	UK Essex, Clacton-on-sea
좌표	51°47'11.9"N, 1°09'18.0"E
주소	No.1 North Sea, Clacton-on-Sea CO151QX
설립일	1871년 7월 27일
공사일	1869년 11월 23일~1871년 7월 27일
재원	187만 9,200 파운드(1994년 보수공사, 한화 약27억 5천만원)
총 길이	360m
시공사	Vekoma Rides Manufacturing BV(1994)
소유권	Clacton Pier Company
소재	목재, 철강
설계자	Harrisons(1994)

놀이기구, 수족관
볼링장 , 수영장

레스토랑

Fishing Pier

<그림 63> Clacton Pier 전체 모습

① 주요 시설 및 특징

Clacton Pier는 Pleasure와 Fishing을 동시에 제공하는 복합피어에 해당된다. 플레져 기능과 관련하여 피어 상부에는 놀이기구로 Mini Wheel, Cups & Saucers, Dumbos, Wild Mouse Coaster, Jumping Jacks 등 19개의 오락시설이 있다. 놀이시설별 요금은 홈페이지에 게시되어 있으며 요금의 종류로는 Credit(한번 이용), 자유이용권(Tiny Tots, Saver), 아동+성인 자유이용권(Combo)의 형태로 되어 있다. 또한 "The Lanes"라는 볼링장은 복고풍 분위기의 인테리어에 LED조명과 UV기능을 갖추고 있어 볼러들에게 인기가 높으며, SeaQuarium이 있어 Clacton해안지역에서 발견되는 해양생물종의 다양성을 경험할 수 있다.

낚시기능과 관련하여 Day Fishing Permits을 구입하면 오전 8시부터 오후 6시까지, 1인당 최대 2개의 낚싯대가 허용된다. Fishing pier와 Pleasure pier사이의 완충공간에는 Fish and Chips 메뉴로 유명한 Jolly Roger's 레스토랑이 위치해있다. Clacton Pier에서 진행하는 이벤트로는 온라인 예약 시 20%의 가격할인을 받을 수 있으며 또 Pier에서는 불꽃놀이가 열리는데 불꽃놀이가 열리는 날짜는 홈페이지를 통해 확인 가능하다.

② 역사

Clacton Pier는 1871년 7월 27일, 영국 Essex주에 건립 된 최초의 피어이다. 최초 설계당시 Clacton Pier는 목재 구조물로 길이 150m, 너비 4m로 건축되었으며, 용도는 화물과 승객의 하역과 승하선 지점으로 역할을 수행하였다. 이후 1893년에 Clacton Pier는 working 피어로써 역할에 놀이시설과 fishing을 동시에 제공하는 복합 피어로 재개발되었다. 그러나 제2차 세계대전 발발로 인해 Pier의 일부분이 파괴되었고, 전쟁이후 1946년에 보수공사를 통해 working 피어 기능은 제거되었으며 플레져와 피싱 기능만을 수행할 목적으로 재개발되었다.

1981년 8월에 현지 사업가인 Francis McGinty, John Treadwell, Denis McGinty & David Howe가 마이클 고스(Michael Goss)로 부터 피어 소유권을 인수하여 롤러코스터, 서커스, 아이스 스케이트장, 롤러 스케이트장, 심지어는 워터 슬라이드와 같은 다양한 놀이기구 도입을 통한 피어 재개발에 착수하였다.

그 후 1994년, 현지 사업가 Harrisons이 피어를 구입하였고, 피어 현대화 프로젝트에 착수하여 피어에 현대식 놀이공원과 각종 레저시설을 건설하여 오늘날의 모습과 같은 Clacton Pier를 완공하였다. 당시 프로젝트는 Harrisons가 직접 설계에 참여하였고, 비용으로 187만 9,200 파운드(한화 약 27억 5천만원)가 소요되었으며, Vekoma Rides Manufacturing BV가 공사를 맡아 진행하였다. 2009년 Clacton Pier Company가 Clacton Pier를 인수하여 현재 운영 중에 있다.[133]

---

133) https://en.wikipedia.org/wiki/Clacton_Pier#cite_note-The_Heritage_Trail-4

③ 주요이슈

Clacton Pier는 2013년 10월 27일과 28일에 유럽 북서부에서만 적어도 17 명의 사망자를 일으킨 St. Jude Storm으로 인해 Clacton Pier의 랜드마크라고 불리는 helter-skelter(나선형 미끄럼틀)이 파괴되는 사고가 있었지만, 다행히 폭풍우가 온 날 Pier를 개장하지 않아 인명피해는 없었다. 다른 놀이시설도 훼손이 많이 되었지만 롤러코스터는 아무런 피해를 입지 않았다고 한다. Clacton Pier는 Storm이 지나간 후 약 일주일간의 수리 및 보수를 거친 후, helter-skelter를 제외한 나머지 놀이시설들을 정상 운행하였다.134)

(2) 관광환경

① 가치

- 역사적 가치

Clacton Pier는 1871년 7월 27일에 Clacton-on-Sea에 건립된 최초의 피어이다. 최초 건설 이후 지속적인 재개발을 통해 다양한 시설들인 놀이기구, 아케이드, 볼링장으로부터 낚시용 시설을 비롯하여 이벤트로서 서커스와 불꽃놀이에 이르는 콘텐츠를 구축하고 있다. 플레져와 피어의 복합기능을 제공한 해양관광목적지로서 다양한 변화를 수용하면서 발전해온 공로를 인정받아 2016년 BT News에서 발표한 "Top 10 British Piers"에서 9위를 기록했다.135)

---

134) http://www.bbc.com/news/uk-england-essex-24702946

135) http://home.bt.com/news/uk-news/top-10-british-piers-11363922085362
 BT그룹은 지주회사로서 영국통신 PLC 소유하고 있으며, 런던에 있는 본사를 비롯하여 전세계 약 180개국에 지사를 운영하고 있는 영국 최대규모의 유선, 모바일 및 광대역 서비스 제공 업체

<표 11> Top 10 British Piers

"Top 10 British piers" <BT News>	
1. Blackpool Central Pier	6. Swanage Pier
2. Brighton Pier	7. Bournemouth Pier
3. Weston-Super-Mare Grand Pier	8. Southend Pier
4. Cromer Pier	9. Clacton Pier
5. Llandudno Pier	10. Weymouth Pier Bandstand, Dorset

자료출처 : www.tripadvisor.co.uk

<그림 64> Clacton On Sea

- 문화적 가치

Clacton Pier[136]의 문화적 가치는 다른 Pier에서 볼 수 없는

---

136) Clacton Pier에서는 연회원 티켓을 판매 중인데, 구매일로부터 1년 동안 유효하며 티켓을 소지한
사람은 Pier내부 놀이기구(Go Cart, XD dark Ride제외)에 대해 무제한 승차가 가능하다. 또한 볼
링장과 Pier내 음식, 청량음료를 구입할 시 20%의 가격할인을 해준다.

Pleasure와 Fishing을 동시에 즐길 수 있다는 것이다. 어린이로부터 성인, 노인들에 이르기까지 다양한 방문객층을 확보하여 모두가 즐길 수 있는 오락 및 레크레이션 시설을 구축하여 왔다. 특히, 불꽃축제등의 이벤트를 통해 지속적인 방문을 촉진시키고 있다.

- 환경적 가치

Clacton Pier에서 아름다운 해양경관을 감상할 수 있으며, 피어 입구의 해변에서 해수욕 등 전형적인 해양레저 활동에 참여할 수 있다. 또한 Pier 입구 주변 지역에는 Hutleys Caravan Park을 비롯하여 많은 캐러밴 캠핑장이 있어 해양레크레이션에 참여할 수 있는 다양한 기회를 제공하고 있다.

② 주요 관광매력물

- Hutleys Caravan Park

1921년에 조성된 Hutleys Caravan Park는 Clacton Pier에서 약 7mile(약 11km)정도 떨어진 곳에 위치하며 캐러밴, 펜션이 있는 집단시설지구와 유사하다. 숙박시설뿐만 아니라 카페, 실내수영장, 어린이 놀이터 등 다양한 편의 및 서비스 시설이 구비되어 있다. 이외에 Clacton Pier 부근에는 Essex Outdoors Mersea(우리나라 학생

자료출처 : www.clactonpier.co.uk
<그림 65> 연회원 티켓

수련원과 유사), Clacton-On-Sea, Hastys Adventure Farm, Clacton Factory Outlet등 많은 관광매력물들이 연계되어 있어 다양한 관광상품개발이 가능한다.

- Fire Works

Clacton Pier에서는 불꽃놀이와 더불어 Pier의 야관경관이 관광상품으로 인기가 높다. 불꽃놀이 축제가 개최되는 날짜는 매년 매달 불규칙적이면 부정기적이기 때문에 Clacton Pier 홈페이지를 확인하여야 한다.

2) 영국 Southport Pier

아이리시해(Irish Sea)137) 연안에 위치한 Pleasure Pier.

자료출처 : i2-prod.southportvisiter.co.uk

<그림 66> 현재의 사우스포트피어 모습

---

137) 면적 10만㎢. 평균수심 60m. 최고깊이 175m. 영국 그레이트브리튼섬과 아일랜드 사이에 있는 바다.북쪽은 노스 해협, 남쪽은 세인트조지 해협으로 대서양과 이어져 있으며 간만의 차가 비교적 크다. 선박 통과량이 많으며, 연안 제일의 무역항은 리버풀(자료출처: 네이버지식백과, 두산백과).

(1) 개요

사우스포트 피어(Southport Pier)는 2등급 피어[138]로서 영국에서 두 번째로 길며, 철제구조물로 건설된 가장 오래된 해변피어(Seaside pier)이다. 시공방식 또한 당시에는 처음으로 도입되었기 때문에 2017년 3월 토목공학유산상(North West Civil Engineering Heritage Award)로 지명되어 엔지니어링상을 수상하였다. 2003년 국립피어 협회(National Pier Society)에서 올해의 피어로 지정하였다.[139] 맨체스터(Manchester)와 리버풀(Liverpool) 두 대도시에 인접해 있으며 마린 호수에서 즐기는 워터스포츠, 사우스포트 해변, 빅토리아 파크, 리블 하구언(Ribble Estuary) 자연보호구역 등 다양한 유형의 관광매력물이 주변에 소재하고 있다. 한때 노후화로 철거될 위기를 겪었지만 지역주민들의 관심과 사랑으로 오늘날까지 유지되고 있다.

① 물리적 현황

주소	Southport Pier, Promenade, Southport PR8 1SB England		
위치	사우스포트	좌표	53°39'19.7"N 3°01'17.2"W
설립일	1860.8.2	개발기간	1859.8～1860.8[140]
개발비용	8700 (£785,923 in 2015)	시공사	W & J Galloway[141]
설계자	James Brunlees[142]	재개발기간	2000～2002
재개장	2002.5.4	재개발비용	£7,200,000[143]

---

138) 영국에서는 역사적 가치를 지닌 구조물(도로표지판, 건축물, 피어 등)을 국가에서 지정하여 보호하고 있다. 1등급-2*등급-2등급으로 나뉘며 건립연수, 희소성, 미적장점, 대표성, 특수성에 따라 등급을 결정

139) https://www.piers.org.uk/pier/southport/

140) https://en.wikipedia.org/wiki/Southport_Pier#cite_note-spv_bizzarefacts-6

141) https://historicengland.org.uk/listing/the-list/list-entry/1379746

142) https://en.wikipedia.org/wiki/James_Brunlees

143) https://books.google.co.uk/books?id=hrAecpdGB4oC&q=Southport+Pier&hl=ko&source=gbs_

② 운영주체

- 1859.3 사우스포트 피어 회사(Southport Pier company)가 자본
  금 £12,000(=£1,084,032 in 2015)로 피어건축 착수
- 1933.7 화재발생으로 £6000(£384,153 in 2015)의 수리비를 감
  당하지 못한 상태에서 방치
- 1936.6 사우스포트 회사(Southport Corporation)으로 소유권 이
  전 £34,744(=£2,129,014 in 2015)
- 지방정부의 행정조직 개편으로 인하여 세프톤 위원회(Sefton
  Council)로 소유권 이전

③ 주요 시설 및 특징

총길이	1,100m>1,340m>1,108m	opening hour[145]	
폭	약5m	2017.9.6.~2018.7.31	11:00~17:00
소재	철제, 상판(deck)은 목재		
유형	plesure pier[144]	2018.7.31.~2018.9.5	10:00~18:00

피어하부에는 총 237개의 철제기둥이 6.1m 깊이로 박혀 있다.[146]
녹슨현상을 방지하기 위해 끓는 타르와 아스팔트 혼합액을 1시간 끓
였다고 전해진다. 1868년 최초 1,100m에서 1,340m길이로 확장되며
폭도 늘어났다고 한다. 재개발을 진행할 때에도 동일한 방식으로 기
둥을 삽입하였으며, 철제기둥은 한 라인당 4개씩 설치했다고 한다.
피어상부의 주요시설로는 트램(tram)이 설치되어 있으며, 편도비용

---

word_cloud_r&cad=4#v=snippet&q=Southport%20Pier&f=false

144) https://en.wikipedia.org/wiki/Southport_Pier

145) https://www.visitsouthport.com/things-to-do/southport-pier-p92273

146) Lancashire's Seaside Piers p.67

은 2파운드, 현장에서 바로 탑승가능하며 입구에서부터 파빌리온까지 30분 간격으로 운행된다. 파빌리온에는 카페테리아, 뽑기기계, 기념품 판매점 등이 있다. 파빌리온으로 가는 길 중간에 쉼터 1개와 핫도그, 도넛 등의 판매시설이 2개 있다. 실콕의 펀랜드(SILCOCKS FUNLAND)가 피어 입구에 위치한다. 저렴한 가격(1파운드)으로 토스트, 파니니, 차 등을 제공하는 스낵바와 각종 오락시설(슬롯머신부터 어린이용 오락)이 있다.[147]

④ 역사

1844년 맨체스터 철도와의 연결에 대한 필요성이 대두됨에 따라 피어건설에 대한 논의가 처음 제안되었으며, 이후 피어의 건설목적에 대한 많은 검토가 있었다.[148] 1852년에 피어건설을 위한 위원회 (1846년 결성된 Southport Commissioners로부터 조직됨)가 공식적으로 구성되었다. 그 과정에서 피어용도를 산책로(promenade)와 증기선 승객들의 하선장으로 이용할 것인지 아니면 자재운송을 위한 산업용 수송철로를 설치해 물류시설로 이용할 것인지에 대한 본격적 논의가 있었다. 1879년 3월 17일 개최된 의회에서 사무엘 부스로이드(Samuel Boothroyd)에 의해 마침내 플레져 피어로 결정되었고, 2400명의 투자자들이 5파운드씩 투자하여 12,000파운드(1,084,032파운드 2015)의 자본금으로 피어건립을 담당할 사우스포트 피어 컴퍼니(Southport Pier Company)가 설립되었다.

---

147) http://www.silcock-leisure.co.uk/leisure-casino.htm
148) Lancashire's Seaside Piers p.65

자료출처 : southportworld.co.uk

자료출처 : s-media-cache-ak0.pinimg.com

<그림 67> 1902년 교체된 파빌리온

<그림 68> 매립 후 피어

피어의 개장과 트램 설치와 관련하여 1859년 8월에서 1860년 8월 까지 1년간 공사를 거쳐 1860년 8월 2일 개장하였다. 사우스포트 피어는 최초의 철제로 된 피어로서 당시 설립목적은 승객 및 수송보다는 산책기능을 수반한 관광목지지가 주기능이었다(당시 Southport는 해변으로 유명한 해양관광목적지였다.)

피어 완공 이후 바로 이용자들의 불만과 불편사항이 접수되었다. 주로 여성들의 불만사항이 많이 표출되었는데 드레스 차림으로 개찰구를 통과하기 힘들다는 것과 피어가 길어 선박까지 걸어가는 것이 힘들다는 것, 피어 중간에 쉼터가 없다는 것들이 많았다. 선박이용 승객을 위한 대기실과 다과실은 1862년에 추가되었다. 수하물 라인은 1863년 5월 7일에 개장했는데 1865년에는 수하물 라인에 증기를 이용한 세계최초의 여객용 케이블 트램웨이가 도입되었다.[149] 당초 요금은 6펜스(2.3파운드 in 2015)+쉼터 벤치 이용시 1실링의 추가금액이 발생했다. 트램 이용시 편도 3펜스

---

149) https://www.piers.org.uk/pier/southport
   *트램웨이 : 최초에는 말이 끄는 마차를 이용했으나 1865년 증기를 이용한 세계 최초의 여객용 케이블 트램웨이를 도입했다. 전기구동 트램웨이는 1905년에 도입되었으나 1950년에 도시로부터의 전기 공급에 무리가 있자 1950년 디젤로 교체되었다.

와 수하물 추가비용이 있어 수하물을 이용하지 않더라도 한화로 9,000 원 정도가 들었으므로 상류층이 아니고서는 비용 부담이 있었다. 그러나 1870년 후반에 노동자 계층과 중산층의 이용증진을 위해 요금을 2펜스까지 낮추었다.

피어의 확대와 화재로 인한 파빌리온의 교체와 관련하여 1865～1868년 사이 기존 1,100m에서 1,340m로 확장되었다. 1897년 9월 발생한 화재로 인해 최초 건축된 파빌리온이 파괴되었으며, 1902년 1월에 공연장150)을 포함하는 규모로 새로운 파빌리온이 건축되었다. 1년 뒤 1903년에는 출입구의 재건축이 진행되었다. 제1차 세계대전 이후 파빌리온은 카지노와 사교춤 장소로 알려졌으며, 1920년대 당시 연간 6,750 파운드(2015년 기준 347,199 파운드 상당)평균 수익을 창출했다.151) 1920년대 초반 해안에 지속적으로 쌓인 퇴적토로 인해 증기선 운항이 중단되었다. 그러나 지방정부는 연안의 퇴적토가 쌓인 지역의 상당부분을 현재의 마린호수(인공호)와 테마파크로 조성하였다.

대공황에 겹친 화재로 인한 소유권 변경이 발생하였다. 1930년대 대공황으로 인해 피어의 매출은 1,200에서 1,600파운드를 오가면서

자료출처 : www.simplonpc.co.uk
〈그림 69〉 여객용 트램웨이

자료출처 : www.google.co.jp
〈그림 70〉 전기구동 트램웨이

자료출처 : s0.geograph.org.uk
〈그림 71〉 디젤 트램웨이

150) 1500명이 수용가능했으며, 찰리 채플린과 죠지 로비 등의 아티스트 등이 공연했던 장소이며, 피어운영의 흑자전환에 기여
151) https://en.wikipedia.org/wiki/Southport_Pier

계속 적자를 기록했다. 1933년과 1959년에 발생한 화재로 인해 당시 1,340m에서 현재 1,107m 길이가 되었다. 파빌리온 파괴와 대공황과 함께 1933년 7월 발생한 화재로 피어 헤드부분이 파손되었고, 결국 적자를 견디지 못해 1936년 6월 피어의 소유를 사우스포트 회사에 넘겼다. 1974년 세프톤 위원회는 지방정부 체제 개편으로 피어에 대한 소유권을 취득했으며, 1975년 8월 18일 등급 II로 지정되었다.

피어의 노후화로 인한 계속된 훼손과 화재 등 구조적 안전성을 강화하기 위해 유럽지역개발기금(European Regional Development Fund)에서 1983년 £ 62,400(*£189,887 in 2015*)의 교부금을 받았으나 계속 증가하는 보수비용과 폭풍 피해로 인해 1990년 피어 철거를 위한 투표를 시행하였다. 그 결과 단 한표의 차이로 부결되었다. 계속되는 노후화로 인해 연간 100,000파운드의 손실과 5년마다 250,000파운드의 보수비용을 충당하기 위해서는 백만파운드의 자금확보가 요구되었다. 피어의 마스터플랜 수립을 통한 재개발과 유지보수를 위해 1993년 자선신탁(Charitable Trust)이 설립되었고, 1994년에는 Friends' Group이 결성되었다. 피어를 유지하기 위해 지역민간기구로부터 여러 자금이 추가로 확보되었다. 1995년 자선신탁으로부터 641,000파운드를 지급받았고, 1996년에는 280만 파운드의 복권기금(Lottery Fund)을 지원받았다. 1997년 2월 피어구조물의 안전진단검사 명목으로 복권기금으로부터 34,000(*55,804파운드 2015*)를 지급받아 진행되던 검사 결과 '폐쇄' 권고를 받았으나, 1998년 문화유산복권기금(Heritage Lottery Fund)에서 170만 파운드를 지원받았다.

복원사업 및 재개장과 관련하여 1999년까지 세프톤의회, 사우스포트 피어 신탁(Southport Pier Trust), 문화유산복권기금, European Merseyside Objective 등에서 충분한 자금지원을 통하여 피어

전체의 복원사업을 시작하게 되었다. 공사는 2000년에 시작되어 2002
년까지 진행되었으며, 2002년 5월 4일자 재개장을 했다. 공사비용은 총
720만 파운드 소요되었다. 2015년 트램은 철수되었으며, 작은 철도로
교체되었는데 이는 목재로 된 피어 상부표면의 마모로 줄여 피어의 유
지관리 비용을 낮추는데 그 목적이 있었다. 2017년 4월 290만 파운드를
들여 다시 피어를 개조하기로 하였다. 연안지역공동체기금(Coastal
Community Fund)에서 비용의 2/3를 지원하여 진행된 공사에는 페인트
칠, 기계설비, 진입로와 전시관(pavilion)의 개선작업이 포함되었다.

⑤ 주요이슈

- 1860년 철로건설에 따른 도보이용객의 불만

산책용으로 프롬나드(promenade)를 이용하는 방문객들은 선박승객
의 수하물 운반용 트랙이 피어 중앙에 위치하고 있어 통행에 방해가
되며 개찰구도 좁아서 출입하기 힘들다는 여성들의 불만이 제기되었
지만, 1868년 확장될 때까지 사우스포트 피어 회사의 처방은 시즌권
을 구매해 개찰구가 아닌 정식 출입구를 이용하라는 안내뿐이었다.

- 폭풍피해

1880년대 후반과 1890년대 초반 피어 기초와 상부의 건축물에 훼
손을 가한 폭풍피해가 몇 차례 있었지만 피해규모를 고려하면 정기
적인 행사 수준이었다고 한다. 그러나 1989년과 1990년도 몰아닥친
폭풍은 1백만 파운드의 복구비용이 발생하여 세프톤위원회는 피어
폐쇄를 고려하게 되었다.

- 화재

1897년 9월 화재로 인해 최초 파빌리온이 파괴되었지만 1902년 1

월에 공연장을 포함하는 대규모 파빌리온으로 교체되었다. 1년 뒤 출입구 재건축 공사를 하였는데 14,000파운드(896,357파운드, 2015년 기준)의 비용이 지불되었다. 1933년 7월 화재 발생으로 피어 헤드부분이 파손되었고, 당시 공연 중이던 오케스트라는 악기와 악보를 전부 잃어버렸다고 한다. 1933년 발생한 화재는 5,000㎡에 달하는 피어를 태웠고, 당시 1,340m에서 현재의 1,107m 길이가 되었다.

- 퇴적작용으로 낮아진 물의 수위

1920년대 초반 누적된 퇴적토로 인해 연안일부가 육지화되었고 증기선 운항이 중단되었으며, 1925년 구명보트 보관소도 폐쇄되었다. 매립이 진행된 공간에 인공호수와 테마파크를 조성하였다.[152]

- 피어의 전쟁에 이용

제2차세계대전 때 피어는 기능이 폐쇄되었고 독일군 비행기들의 공습을 방지하기 위한 서치라이트 배터리를 설치하는데 사용되었고, 이후 1950년까지 운영하지 않았다.[153]

- 트램 사고와 소송

1865년 8월 1일 수하물 운반트랙이 트램으로 바뀌게 된 바로 그 해에 프랑 바테만 여사와 그의 오빠가 트램에 탑승하고 있었는데 안전장치가 제대로 구비되어있지 않았던 탓에 당시 정체불명의 충격으로 인해 트램 밖으로 몸이 튕겨나가게 되었다. 그 사고로 바테만 여사는 사망하였고 피어회사를 상대로 650파운드에 달하는 법정소송이 접수되었다.[154]

152) Lancashire's Seaside Piers p.74
153) Lancashire's Seaside Piers p.76
154) http://www.southportvisiter.co.uk/news/history/14-bizarre-facts-southport-pier-11814712

- 재정난으로 인한 소유권 이전과 철거에 대한 논의

1936년 6월 6000파운드(384,153파운드, 2015년 기준)의 복구금 액을 감당하지 못하고 피어 회사는 34,744파운드(2,129,014 파운드, 2015년 기준)에 피어를 사우스 포트 회사에 넘겼다. 이후 지역정부의 행정체재개편으로 세프톤의회로 소유주가 바뀌었다. 시의회는 꾸준히 증가하는 보수 비용과 폭풍피해로 인해 1990년 피어 철거를 위한 투표를 시행했으나 단 한표의 차이로 부결되었다.155)

- 2백만 파운드 규모의 재개발

사우스포트 피어는 2백만 파운드 규모의 연안지역공동체기금을 확보하였고 세프톤의회의 예비비를 사용하여 3백만 파운드 규모의 사업비를 추가 확보하여 피어에서 해변으로 향하는 곳에 계단 확충과 파빌리온을 비롯한 피어의 전반적 개선을 시행하였다.156) 연안지역 공동체기금은 연안지역의 지속가능한 경제성장과 일자리를 창출에 기여함으로써 연안 지역사회의 경제발전을 지원하기 위해 설립되었으며 이를 통한 재개발은 정부사업과 연동되어 있다.157) 기금을 통한 사우스포트 재개발은 볼튼의 Taziker과 계약을 맺어 진행하였으며, 첫 번째 사업은 2017년 12월까지 완료되었으며, 두 번째 사업은 2018년 3월 완료되었다. 공사 기간 동안 피어는 계속 개방상태를 유지하였다.

155) http://www.southportvisiter.co.uk/news/history/14-bizarre-facts-southport-pier-11814712

156) http://www.southportvisiter.co.uk/news/southport-west-lancs/southport-pier-transformed-2million-windfall-12841290

157) http://www.southportvisiter.co.uk/news/southport-west-lancs/work-underway-29m-project-transform-13495957

(2) 관광환경

① 가치

- 역사적 가치

영국에서 가장 오래된 철제구조의 플레져 피어이다. 건설당시 영국에서 가장 긴 피어였으며 현재 영국에서 두 번째로 긴 피어이다. 2017년 3월 토목공학문화유산상(North West Civil Engineering Heritage Award)을 수상하였다. 2003년 국립피어협회(National Pier Society)에서 올해의 피어로 지정하였다.

- 문화적 가치

피어시설 노후화와 자금난으로 인해 철거될 위기에서 지역민의 모금과 관심으로 현재까지 유지되고 있다. 산책로(promenade)를 따라 모금한 사람들의 이름표가 부착되어 있다.

- 환경적 가치

사우스포트 해변에 위치한 지리적 이점으로 블랙풀(Blackpool)과 노스 웨일즈(North Wales) 해안도 함께 감상할 수 있으며, 맨체스터와 리버풀에서 지하철로 이용 가능한 해양관광목적지이다.

② 관광매력물

사우스포트 피어를 구성하는 주요 관광매력물은 다음과 같다.
- 마린호는 도시 중심부와 해변 사이에 위치한 인공호수로서 다양한 워터스포츠 환경을 제공하고 있다.
- 카지노는 100년 전통을 지닌 사우스포트 피어의 독특한 관광매력물이다.
- 모델 레일웨이는 미니 기차(모델사이즈)를 이용해 사우스포트 미니어쳐 마을을 운행한다.

- 사우스포트 플레져랜드(Southport Pleasureland)는 오락과 놀이를 제공하는 테마파크에 해당되며, 매립지 위에 조성되었다.
- 웨이페러 아케이드는 사우스포트 피어와 지역을 방문한 이용객을 대상으로 하는 쇼핑센터이다.
- The Atkinson은 음악, 연극, 시, 문학 등 예술과 역사를 지역박물관이면서 공연장 기능을 수행한다. 2017년도 트립어드바이져 리뷰에 따르면 사우스포트의 관광매력물 37개 중 1위를 차지하였다.

3) 벨기에 Belgium Pier

북해(North Sea)의 벨기에 연안에 위치한 Pleasure Pier.

자료출처 : google.com/earth

<그림 72> 위성사진

<그림 73> 피어전경

(1) 개요

벨기에 연안의 랜드마크가 되고 있는 Belgium Pier는 해상 관광매
력물로서 현재 모습의 피어는 1933년에 건립된 것으로 1894년에 설
립된 최초의 구조물을 대체하였다.

① 물리적 현황

Belgium Pier는 벨기에 블랑켄베르허 지딕(Blankenberge Zeedijk)
에 위치하고 있다. 좌표는 위도 51.306599, 경도 3.112050. 피어의
길이는 350m이며 현재 피어의 소재는 콘크리트이지만 최초 건설
당시 소재는 철제, 목재, 그리고 유리로 되어 있었다.

② 운영주체, 운영시간

한때 Belgium Pier는 블랑켄베르허 시의회에 의해 관리 및 운영되
었다가 2005년 5월 24일 Pier Blankenberge BVBA가 인수하여 관리

운영하고 있다. 연중무휴이며, 운영시간은 오전 11시부터 오후 7시까지 이다. 입장료는 성인기준 12유로이며, 티켓은 피어 현장에서도 구매가능하다.

③ 주요 시설 및 특징

Belgium Pier의 주요시설은 피어헤드에 위치한 다용도홀이다. 8각형의 우아한 정자형태로서 비즈니스 미팅룸과 레스토랑 그리고 선셋라운지가 구비되어 있다. 특이점은 4층 구조물인데 5m 높이의 2개 층은 해수면 아래에 위치하고 있다. 먼저 Brighton Main Room은 각종 행사를 위한 메인 홀로서 식사를 위한 장소로 사용되거나 웨딩홀로 사용되기도 한다. Southport Sunsetlounge는 Brighton Main Room과 연결되어 있으며, 석양을 감상할 수 있는 장소로 제공된다. 홀의 꼭대기에는 Halifax Reception Balkon과 Santa Monica 360°가 있는데 먼저 Halifax Reception Balkon은 다용도룸으로 구성되어 있어 회의나 미팅을 위한 적합한 곳이다. 또한 Santa Monica 360°가 있는데 발코니가 연결된 형식으로 꼭대기 층을 한 바퀴 돌면서 Pier의 전경을 볼 수 있도록 디자인되어있다. 그리고 하층부에 있는 전시공간과 Auditorium이 수면 아래에 위치해 있는 것이 특징이다. 먼저 전시공간은 과거 Storm Expo를 개최한 곳인데 태풍 토네이도 허리케인등이 자연생태계에 미치는 영향을 시뮬레이션을 통해 간접체험할 수 있게 되어 있다. 또한 Auditorium에는 100명을 수용할 수 있으며, 프레젠테이션을 위한 공간으로 활용되고 있다.

④ 역사

Belgium Pier의 건설 목적은 관광이다. Belgium Pier를 건설하기 이전 블랑켄베르허시는 서쪽의 작은 어촌마을에 불과하였다. 이 지역에서 관광산업이 시작된 것은 19세기 중반인데 1863년 블랑켄베르허와 브뤼허 사이 철도 연결이 완료된 이후 관광산업이 급격히 성장하였다고 한다.

1873년 영국인 John Hendrey가 최초 피어건축을 제안했지만 광 목적보다는 종교적 건축물 용도로서 제안되어 블랑켄베르허 시의회에서 거절되었다. 건축허가가 승인되기까지 21년이 소요되었고 3번의 추가 설계안이 더 제기되었다. 결국 1894년 2월 민간협력단체인 "Societe Anonyme du Pier the Blankenberghe"의 제안이 최종 수용되어 공사에 착공하였으며 1894년 8월 12일에 완공되었다.

그러나 Belgium Pier는 제1차 세계대전을 겪으며 소실되었는데, 1914년 영국군이 그곳을 상륙지점으로 사용하는 것을 방지하기 위해 독일군이 방화를 하였다고 전해진다. 그 이후 철골구조 형태로만 20년간 방치되어 있었다. 1930년 블랑켄베르허시에서 재건계획을 수립했으며, 기존 기둥들과 기반재료들을 재사용하여 콘크리트를 주소재로 한 새로운

자료출처 : nl.wikipedia.org

<그림 74>
제1차 세계대전 이후 철골구조만 남은 모습

Pier를 건축했다. Jules Soete 주도 하에 건축이 진행되었고 G. Magnel 과 겐트시[158]건축가 A.bouquet이 보조로 참여하였다. 1933년 아르 데코[159]양식의 팔각정이 피어헤드 부분에 새롭게 개장되었다.[160]

⑤ 주요이슈

Belgium Pier는 염해로 지속적인 부식 문제가 제기되었다. 단순히 코팅방식만으로는 임시방편에 불과하여 음극방식(전기화학적으로 금속의 부속을 억제하는 방법)을 채택하여 현재까지 콘크리트 부식 의 방지효과를 보고 있다고 한다. 그럼에도 불구하고 이 방식을 채택한 피어는 많지 않다고 한다.[161]

2016년에 제기된 주요 이슈는 하계절 성수기 대비 인명구조원들

---

158) 벨기에 서북부에 있는 항구도시

159) 아르 데코(Art Déco)는 시각예술 디자인양식으로 제1차 세계대전 이후 프랑스에서 출현했다. 제2 차 세계대전 종전까지, 1930년대부터 1940년대에 걸쳐 세계 디자인계에 영향을 주었다. 기존의 전통적 수공예양식과 기계시대의 대량생산방식을 절충한 스타일인 아르 데코는, 주로 풍부한 색감과 두터운 기하학적 문양, 그리고 호화로운 장식성으로 대표된다. 아르 데코는 산업화가 가속화되어 산업문화 전반이 변화하던 시대에 나타났다. 아르 데코는 (대량생산을 위한)신기술을 포용하였고, 이 점이 아르 데코의 시초라 여겨지는 아르 누보(Art Nouveau, 자연적인 모티프 중시)와 구분되는 점이다. 역사학자 베비스 힐리어(Bevis Hillier)는 아르데코를 "비대칭보다는 대칭을, 곡선보다는 직선을 지향한다. 기계, 신물질, 그리고 대량생산 수요에 적합한 현대양식"이라고 정의했다. 아르 데코의 전성기는 고급스러움(luxury), 매혹적(glamour), 풍부함(exuberance), 그리고 신기술 발달과의 병행으로 대표된다(자료출처: ko.wikipedia.org).

<그림 75>
Empire State 빌딩 로비

160) https://nl.wikipedia.org/wiki/Pier_van_Blankenberge

161) 'Elctrical pulses protect concrete' 26페이지 참조

의 안전대비 훈련이 이슈로 제기될 만큼 특별한 사건이나 사고와는 관계없다고 한다. 이 훈련은 4월부터 해안을 감시하면서 예상되는 사건사고 대비훈련이었는데 전년도인 2015년 봄 이상기후로 고온현상을 보이며 블랑켄베르허에서 해수욕을 즐기는 관광객이 갑작스럽게 몰려 심각한 혼잡현상이 초래되어 2016년도부터 시조례제정을 통해 안전훈련을 실시하였다고 한다.[162]

(2) 관광환경

① 가치

- 역사적 가치

Belgium Pier는 벨기에 해양역사의 증인이다. 1914년 제1차세계대전 동안 소실되었던 바 벨기에의 전쟁에 대한 상흔을 간직한채 1933년에 재건축되었다. 제2차세계대전 당시에도 폭파될 위기에 처했지만 지역담당 독일군 책임자로부터 상사 Karl Hein Keselberg는 폭파하라는 명령에 불복종하면서 파괴위험에서 벗어났다. 그는 해수면이 너무 얕기 때문에 적군 함대의 접근이 불가능하다고 판단한 신념으로 불필요한 파괴를 막았다고 한다. 1994년 블랑켄베르크시는 비록 독일군이었지만 Pier를 구하기 위해 취한 행동에 대해 감사를 표했다고 한다. 두차례의 세계대전에 참전한 벨기에의 역사와 그 파괴의 위험에서 큰 위기를 극복한 Belgium Pier는 역사적으로도 큰 가치를 지닌다고 할 수 있겠다.

---

162) http://www.nieuwsblad.be/cnt/dmf20160317_02188415

- 문화적 가치

Belgium Pier는 매년 각종 이벤트와 페스티벌을 진행한다. 대표적으로 Fuse on the Beach가 있는데 이는 UMF(Ultra Music Festival)와 같은 디제잉 페스티벌이다. 해변 모래사장 위에 무대를 설치하고 2010년부터 시작해서 매년 전 세계적으로 유명한 DJ를 섭외하여 페스티벌을 진행한다.163)

또한 Sea Food Festival를 매년 주최하여 지역사회의 진흥을 위한 기금모금을 한다. SNS를 활용하여 홍보를 하는 사람들을 추첨하여 Pier내에 있는 레스토랑에서 식사할 수 있는 기회를 제공하기도 한다. 이렇게 관광객들과 소통하고자 하는 노력을 통해 문화적 가치는 더욱 상승한다고 할 수 있다.164)

- 환경적 가치

Belgium Pier는 대체에너지인 태양열을 활용하여 겨울에는 난방효과를 여름에는 냉방효과를 극대화하여 전기사용료를 절약한다. 겨울에는 낮시간 동안 받은 태양열을 해저에 있는 히트펌프에 저장하였다가 점차적으로 건물전체에 열을 방출하는 방법으로 난방효과를 극대화한다. 반면 여름에도 히트펌프를 활용하는데 이때에는 바닷물을 냉각수처럼 활용하여 냉방효과를 내고 있다. 이러한 천연에너지 사용을 통하여 피어의 환경적 가치를 높이고 있다.

---

163) http://www.fuse.be/site/cevent/fuse-on-the-beach/

164) http://www.facebook.com/belgiumpierbrasserie/

② 관광환경

- 주변 관광매력물

블랑켄베르허에는 국립아쿠아리움 Sealife[165]가 소재해있다. 50개 이상의 수족관으로 구성되어 있으며 2,500종 이상의 해양생명체들과 만날 수 있다. 매년 12월 25일 크리스마스를 제외한 모든 날 입장가능하며, 운영시간은 오전 10시부터 오후 5시까지이다. 성인기준 18유로이며 온라인 예매시 3.5유로를 절약할 수 있다. 매일 조련사가 먹이를 주는 것을 볼 수 있지만 해양종별로 시간대가 다르니 유의해야한다. 특이점은 다른 아쿠아리움에서는 잘 볼 수 없고 현재 멸종위기에 처한 얼룩말상어 관람이 가능하다. 또한 지역의 해양생태계 보전을 위하여 캠페인도 진행하고 있는데 대표적으로 2009년에 실시한 Stop whaling이 있다.[166]

4) 독일 Rugen섬 Sellin Pier

발트해(Baltic Sea)[167] 독일 연안에 위치한 Pleasure Pier.

---

165) https://www.visitsealife.com/blankenberge/

166) https://www2.visitsealife.com/

167) 면적 43만㎢. 평균깊이 55m. 가장 깊은 곳 463m. 옛 이름은 호박(琥珀)의 산지로서 알려진 마레수에비쿰(Mare Suevicum), 독일어로는 오스트제(Ostsee:동쪽 바다). 스칸디나비아 반도와 유틀란트 반도에 의하여 북해와 갈라져 있으나, 두 반도 사이의 스카게라크 해협과 카테가트 해협으로 외양(外洋)과 통한다. 스웨덴·덴마크·독일·폴란드·러시아·핀란드에 둘러싸여 있다. 구조적으로는 북해(北海)의 연장에 해당하는 천해(淺海)이며, 덴마크 동부의 여러 해협 및 카테가트 해협으로 북해와 통하는 한편, 인공의 킬 운하로 연결된다. 또, 러시아의 운하와 발트해 운하로 백해로 배가 통하게 되었다. 북쪽에는 보트니아만이 만입(灣入)해 있고, 동쪽에는 핀란드만과 리가만이 있다. 천해인데다가 염분도 적기 때문에 동부 및 북부의 대부분은 겨울철에 3~5개월 동안 얼어붙는다. 그러나 남부에서는 연안빙(沿岸氷)이 생길 정도에 불과하다. 연안에는 섬들이 많아 다도해를 이루고 있는데, 주요 섬으로는 셸란·핀·롤란·보른홀름(덴마크), 욀란드·고틀란드(스웨덴), 욀란드(핀란드), 히우마·사례마(러시아) 등이 있ek(자료출처: 네이버지식백과, 두산백과).

자료출처 : google.com/earth

<그림 76> 위성지도

자료출처 : globetrottergirls.com

<그림 77> 피어전경

(1) 개요

독일 최대규모의 섬인 뤼겐(Rugen)에 위치한 Sellin Pier는 발트해의 멋진 해안경관과 함께 '다이빙 곤돌라(Tauchgondel)'라는 차별화된 해양관광콘텐츠를 보유하고 있다. 다이빙 곤돌라는 물속으로 잠기는 곤돌라로서 Sellin Pier 헤드에 위치하고 있으며, 장비 착용 없이 곤돌라가 잠수함 캡슐처럼 해저로 내려가 발트해의 수중경관을 관광할 수 있다.

① 물리적 현황

- 좌표 : 54°23'01"N 13°41'57"E
- 주소 : Warmbadstraße 4, 18586 Ostseebad Sellin, Germany

② 운영주체

피어의 운영주체는 Kurverwaltung Ostseebad Sellin Rugen사[168]의 Münchgut-Granitz 사무소(뤼겐(Rügen)섬 남동부 지역자치행정부)이며, 홈페이지 운영은 관광매니저가 하고(Adriana Zawisza, 상업등록번호 : 1251 판매번호 : DE 137557584), 입장료는 별도로 없으며, 다이빙 곤돌라 이용시에는 요금이 책정되어 있다. 레스토랑 Seebruecke Sellin의 운영시간은 오전 10시부터 오후 11시까지 이다. 독일의 국가관광청(German National Tourist Board(GNTB)) 통계자료에 의하면 2008년도 뤼겐섬 방문 관광객수는 557만명.

---

168) Sellin에 위치한 민간기업으로 각종 행사와 Pier의 유지 및 보수를 담당

③ 주요 시설 및 특징

Sellin Pier의 주요시설로는 레스토랑과 잠수 곤돌라(Tauchgondel Sellin)가 있다. Seebruecke Sellin 레스토랑의 이름을 직역하면 Sellin의 Seebruecke(바다다리)라는 뜻이며, 오전 10시부터 오후 11시까지 영업시간이며, 해상에 위치하므로 인해 수해를 입는 경우가 있어 가끔 휴업을 한다. 대표 메뉴는 훈제 연어이고 카페를 같이 운영하고 있다.

해저 4m까지 하강하는 잠수 곤돌라는 다이빙 캡슐을 타고 해저체험을 하는 것이다. 2008년 9월에 개장하였으며 1회 30명의 탑승정원으로 제한하고 있다. 입장료는 성인 기준 8유로이며 가족의 경우 동반 자녀수에 따라 가격이 달라진다. 체험시간은 30~40분이며 운영시간의 경우 4,5,9,10월은 오전 10시부터 오후 7시까지, 6월부터 8월까지는 오후 9시까지, 11월부터 3월까지는 오전 11시부터 오후 4시까지 이다. 휴일은 매주 월, 화 그리고 12월 24, 25일이다.[169]

④ 역사

피어는 1901년 최초 설계 당시 60m 길이로 건설되었지만 완공이후 초기 예측한 방문자 수보다 더 많은 이용객으로 인해 1906년 508m 길이로 확장 공사를 진행하였으며 동시에 레스토랑도 건설되었다. 1920년 원인불명의 화재로 인한 소실로, 1941년 11월부터 1942년 2월까지는 결빙으로 인해 한시적으로 폐쇄되기도 하였다. 이후 재건축의 과정을 겪으며 1998년 4월 2일, 레스토랑 등 상부건축물인 Imperial Pavilion의 준공까지 약 100여년의 기간이 소요되었지만, 공식개관일은 상부건축물의 완공시점으로 하고 있다. 현재 뤼

---

169) http://www.tauchgondel.de/tauchgondel-sellin.html

겐섬을 대표하는 관광목적지로서 포지셔닝 되어 있다. 그동안의 추진과정을 보면 다음과 같다.

년도	주요일지
1901년	최초 피어 계획은 60m 길이로 설계
1906년	방문객과 이용객의 증가로 인해 레스토랑이 위치한 첫번째 건물과 피어(508m) 완공
1918년	유빙에 의해 레스토랑과 피어가 부분적으로 붕괴됨
1920년	피어 헤드부분에 화재가 발생하여 훼손됨
1924년	유빙에 의해 다시 피어가 붕괴됨
1925년	500m 길이의 플랫폼과 콘서트홀을 갖춘 새로운 Pier가 건설됨
1941년-1942년	동계기간 동안 유빙으로 인해 피어가 부분 파괴되었으나 레스토랑 등 본관 건축물은 피해를 받지 않음
1950-1970년대	사교댄스 홀로 이용
1978년	댄스홀로 사용되던 본관 건축물을 포함하여 피어 철거됨
1991년	독일의 '리처드 폰 바이 자커(Richard von Weizsacker)' 대통령[170]이 방문하여 Pier 재건에 대한 적극적인 지원 촉구
1992년	1906년과 1925년의 피어설계를 롤모델로 삼아 재건축 시작[171]
1997년	Sellin의 명예시민 Hans Knospe가 재개관식에 참가하여 테이프 커팅함
1998년 4월2일	레스토랑을 비롯하여 Pier가 공식 개관됨
최근	2011년 10월 피어 일부분의 훼손이 발견되어 레스토랑이 잠정 패쇄되었으나 보완수리 이후 현재까지 정상적으로 영업 중임

⑤ 주요이슈

Sellin pier의 지정학적 위치로 인해 1920년 원인불명의 화재로 약 5년간 훼손된 채 방치되었다가 1925년에 여객 승강장과 콘서트홀을 구비한 대략 500m 가량의 Pier로 재건축 되었다. 그러나 동계절 발

---

170) Richard Karl Freiherr von Weizsäcker는 1984년부터 1994년까지 독일 연방 공화국 총재를 역임한 독일 정치인(CDU). 귀족 Weizsäcker에서 태어났으며 그는 독일 복음주의 교회에서 첫 번째 공직을 함.

171) Seebrücke Zeitgenössische Holzbauten. Wege zum Holz. Landesforsten Rheinland-Pfalz. 2014-05-23 검색결과

트해에서 떠내려 오는 유빙에 의해 피어가 훼손 및 파손되는 경우가 1918년, 1924년, 1941년 3차례 발생하였다. 그러나 최근 지구온난화로 인해 유빙에 의한 직접적인 피해는 보고 되고 있지 않다.

1956년부터 1978년까지는 훼손되지 않은 피어 상부를 사교댄스 홀로 개조하여 유명세를 떨쳤다. 그리고 1978년에 방치되어 있던 교두보와 기타 손상된 부분을 철거하였다.

1991년 당시 독일 대통령이었던 Richard von Weizsäcker가 Sellin 피어 재건축을 적극적으로 지원하기 위해 직접 Sellin Pier를 방문했다. 1992년 8월 27일에 1906년과 1925년에 건축되었던 피어의 설계도를 기반으로 하여 새롭게 재건축을 시작했다.

1997년 12월 20일 Sellin의 명예시민인 Hans Bud Knospe가 리본 커팅식에 참여하여 상징적인 개장식 신고를 하게 된다. 레스토랑을 포함하여 새로운 Pier의 공식개장일은 1998년 4월 2일이었다.

자료출처 : www.ostseebad-sellin.de/en/the-pier

<그림 78> 1941년 Sellin Pier의 모습

현재 Pier는 뤼겐 섬에서 가장 긴 Pier로서 대표적인 해양관광목적지로서 매력을 더하고 있다. 독일은 특히 주민자치와 지방정부의 협업(governance)을 통하여 Sellin pier의 해양관광목적지화를 위해 다양한 각도에서 노력하고 있다.

(2) 관광환경

① 가치

세계문화유산이나 기네스북 등에는 등재되어 있지 않지만 발트해의 해양경관을 배경으로 다양한 관광매력물을 조성하여 피어의 해양관광목적지화를 위해 지방정부가 노력중이다. 특히, 최근에는 해수를 이용한 건강프로그램의 활성화로 인해 뤼겐섬 전체가 해양치유 목적지로 주목받으면서 우리나라에서도 관련하여 방문빈도가 증가하는 중이다.

- 역사적 가치

Sellin Pier는 100년의 역사를 지닌다. 화재로 인한 손실, 유빙으로 인한 손실이 있었음에도 불구하고 지역주민들과 대통령까지 나서서 지원하고 재개발을 위해 힘쓴 만큼 독일인들의 사랑을 받아온 피어이다. 1925년에는 선착장과 콘서트홀의 역할을 했으며 1956년부터 1978년까지는 댄스홀(지금의 레스토랑)이 들어서 개발초기부터 끊임없이 관광객을 모아온 개발목적을 충실이 이행한 피어이다.

- 문화적 가치

Sellin Pier의 존재는 뤼겐섬 관광객 유치에 기여한 바가 크다. 발트해를 운항하는 선박과 요트 등 해양교통의 허브로서 또한 관광목적지로서 그 기능을 수행하고 있다. 1942년부터 여객 승강장으로서의 기능은 더 이상 하지 않지만, 지역 해산물을 바탕으로 하는 다양한 해산물 요리를 하는 레스토랑, 지역사교 댄스홀 등을 통해 지역으로의 관광객 유치에 기여하고 있다.

- 환경적 가치

Sellin Pier는 발트해 해양환경의 직접적 영향을 받아왔다. 유빙으로 인한 피어의 훼손이 대표적인 사례이다. 지구온난화가 진행되고 있는 지금 이전만큼 유빙충돌사건은 없지만 동계절에는 안전관리가 요구된다.

② 관광환경

관광매력물과 관련하여 뤼겐섬은 전통적으로 스파가 유명하며 앰버박물관, 거석유적, 생물보존지역 등 다양한 관광콘텐츠가 피어와 연계되어 관광체류시간 증대에 기여하고 있다. 관광콘텐츠로는 뤼겐섬내 호텔, 게스트하우스 등에서 스파가 가능하며 해변에서는 레크리에이션 활동을 통해 가족 휴가를 보내기에 이상적인 장소로 알려져 있다. 또한 섬의 남동쪽 지역은 생물보존지역으로 지정되어 있어 생태관광 목적지로 매력을 더하고 있다.

정기적으로 항구축제, 불꽃놀이 등 다양한 이벤트도 진행 중인데 특히, 발트해 도자기 시장(Baltic Sea pottery market)같은 지역을 대표하는 문화콘텐츠도 개발하고 있다. 피어가 위치한 헤변에서 거행되는 비치 발리볼 토너먼트, 사이클 투어, 하이킹 등 연중 개최되어 해양레저스포츠와 육상레저도 동시에 즐길 수 있다. 피어가 위치한 해변은 결혼식 등 이벤트 공간으로도 활용되며, 하계절에는 비치파라솔을 대신하여 그늘막을 제공한다. 또한 피어는 발트해의 석양을 감상하는 명소로도 유명하다.

슈트랄준트 아쿠아리엄[172]은 유럽의 3대 아쿠아리움중 하나인 오체아노임(Ozeaneum)이 있다. 해양동물 약 7,000여 마리가 있으며

---

172) Strulsund는 독일 본토에서 뤼겐섬으로 진입하는 지역에 위치한 도시

이들의 주요 서식지는 북해와 발트해라고 한다. 운영시간은 6월부터 9월까지는 오전 9시 30분부터 오후 8시까지, 10월부터 5월까지는 오전 9시 30분부터 오후 6시까지이며 연휴는 12월 24일 하루이다. 입장료는 성인기준 16유로. 2008년 7월에 개장했으며 개장 첫해 90만명 관광객을 유치했으며, 2009년 7월 27일에 100만명을 넘겼으며 2010년에는 European Museum of the Year Award(EMYA)를 수상하기도 했다.[173]

Treetop Tower은 130ft 높이의 수직 구조물로서 루겐자연유산센터(Rügen Natural Heritage Center)내에 있다. 이 구조물은 나선형 형태를 띄고 있으며, 나무가 자라는 공중방향으로 산책로가 조성되어 있고, 나선형 중앙에는 100ft(약 30m) 높이의 너도밤나무(copper beech tree)가 위치해있다. 일명 독수리 둥지(Eagle's Nest)라고 불리우는 구조물로서 루겐의 매력물이 되고 있다.

---

173) http://www.deutsches-meeresmuseum.de/ozeaneum/

상식 : Strandkrob 들어 보았나?

우리나라 해변에 파라솔이 있다면 독일해변에는 Strandkrob이라는 휴식용 의자가 있다. Sellin Pier에도 역시 Strandkrob이 있다. 벤치 형태에 지붕이 있어 각도를 조절하면서 햇빛을 피하거나 일광욕을 즐길 수 있다. 파라솔에 적응되어 있는 우리에게는 약간 생소해 보일 수도 있겠다. 이용방법은 근처 매점에서 대여하거나 공식홈페이지 (http://www.strandkorb-binz.de/vermietung/)에서 사전예약을 통해 이용할 수 있다. 대여비는 1일기준 12유로이고 대여료에 보증금 5유로를 더 주면 키를 받게 되는데 이 키로 의자에 팔레트처럼 막혀있는 가림막을 열어서 사용하면 된다.174)

자료출처 : www.strandkorb-binz.de

<그림 79> Strandkrob의 모습

자료출처 : www.strandkorb-binz.de

<그림. 80> Strandkrob의 모습

자료출처 : www.ostseebad-sellin.de

<그림 81> Sellin pier의 Strandkrob

174) http://www.strandkorb-binz.de/vermietung/

5) 이탈리아 Rotonda a Mare

아드리아해(Adriatic Sea)[175] 연안에 위치한 Pleasure Pier.

(1) 개요

① 물리적인 현황

로톤다 아 마레(Rotonda a Mare)는 이탈리아 세니갈리아(Senigallia) 지역의 아드리아 해안(Adriatic Coast)를 따라 위치한 세네갈리아 비치 (Senigallia beach)의 중앙에 자리하고 있다. 주소는 Piazzale della Libertà, 23, 60019 Senigallia AN, Italy이며, 좌표는 43°42'59.4"N 13°13'33.7"E이다. 피어헤드 건축물의 형태는 Azienda Autonoma di Cura e Soggiorno di Senigallia(AASCS)의 주도하에 1932년 1월 30일에 건축가 에리코 카르테이(Enrico Cardelli)가 설계한 프로젝트를 중심으로 공사가 착수되었고. 1년 뒤 1933년 7월 18일에 건축물 개관식을 개최하였다. 그러나 1980년대 말 운영을 지속하기에 바람직하지 않다는 판단 하에 폐쇄가 되었지만 이후 소유권이 세니갈리아시로 이전되면서 유럽연합(EU)의 재정지원을 통해 2006년도 재개장을 했다. 현재 이탈리아 세니갈리아 지역의 랜드마크로 지역주민과 방문한 관광객에게 해양관광매력물로 포지셔닝되고 있다.[176]

---

175) 길이 800km. 너비 95~225km. 면적 약 13만 1050㎢. 지중해 북부 이탈리아반도와 발칸반도 사이에 있는 좁고 긴 해역. 오트란토 해협을 거쳐 이오니아해(海)에 연결된다. 서쪽은 이탈리아, 동쪽은 슬로베니아·크로아티아·보스니아 헤르체고비나·몬테네그로·알바니아 등과 접하며, 북서쪽에서 남서방향으로 길게 전개되어 있다. 비교적 얕으나 가장 깊은 곳은 1,324m에 이른다. 이탈리아반도 연안의 남서부는 얕고 단조로운 해안선을 이루는 데 비해서 발칸반도 연안은 섬·반도·만 등 굴곡이 심한 해안선을 형성하여 변화가 심하며 부근의 경치도 아름답다. 북쪽은 디나르알프스 산맥이 해안에까지 미쳐 해안평야의 전개가 빈약한 데다 토지의 대부분이 카르스트 지형을 이루어 산업·교역의 발달도 부진하다. 고대(古代) 이래 북부 유럽과 남부 유럽을 연결하는 유럽의 동부 루트로서 중요한 역할(자료출처: 네이버 지식백과, 두산백과).

176) https://it.wikipedia.org/wiki/Rotonda_a_Mare#Storia

자료출처 : google.com/earth

<그림 82> 위성지도

자료출처 : google.com/earth

<그림 83> 위성지도

② 운영주체

피어는 오늘날까지 3번에 걸쳐 소유권 이전이 진행되었지만, 현재는 세니갈리아시에서 세금으로 운영되는 공공건축물이다. 무료로 개방되며 피어 헤드에 위치한 콘서트홀도 무료입장이다. 개장은 연중무휴이며 오후 5시부터 10시까지 이용가능하다. 평균적으로 1.5시간 동안 관광객이 체류하는 매력물로서 해변가 중심에 위치해있기 때문에 피서철인 하계절 방문이 동계절에 비해 상대적으로 많다.

세니갈리아시의 대표적인 상징물인 피어는 '육지와 바다 그리고 하늘을 통해 환상적인 순간을 선사한다'는 비전을 가지고 조성되었다. 따라서 장애인의 접근성을 제고시켰으며, 애완견 입장은 허용되지 않으며, 입장시 음식물 반입도 금지되어 있다. 그리고 자전거를 비롯한 소형 교통수단도 금지되어 있다.

③ 주요 시설 및 특징

로톤다 아 마레는 분류상 프레져 피어(Pleasure pier)에 속하며 총 길이는 120.85m(396.50피트)이다. 피어 헤드부분의 건축물은 철제와 목재, 콘크리트로 조성되었다. 피어 하부 교각은 총 28개의 직사각형 모양의 기둥으로 구성되었으며, 헤드부분의 위치한 콘서트홀의 하중을 지탱하기 위해 특별히 원형의 기둥으로 건축하였다. 피어헤드의 콘서트홀의 외관으로 인하여 통칭 피어를 로톤타 아 마레라고 부른다. 콘서트홀은 1, 2층, 실외 테라스로 구성되어 음악회나 콘서트 등과 같은 공연, 세미나나 강연회장, 또는 컨벤션이나 전시공간 등 기획에 따라 다양한 용도로 사용되는 복합문화공간의 특징을 보여준다. 연간 행사일정은 세니갈리아시의 웹사이트에서 확인 가능하

다. 메인홀은 약 200명분 좌석을 보유하며 실외 테라스에서는 400명 정도의 수용이 가능하다.[177]

④ 역사

자료출처 : www.visitancona.com   자료출처 : www.visitancona.com

<그림 84> Rotonda a mare 최초의 모습   <그림 85> 공중목욕탕으로 이용

피어 역사는 19세기 후반 Belle Époque 때 빈첸소 기넬리(Vincenzo Ghinelli)가 호텔 바그니(Hotel Bagni) 앞바다에 해양치유인 수(水)치료요법과 레저활동을 위해 목조구조물을 설계한 것에서 비롯된다. 이후 1910년 현재 피어 위치에서 북쪽 방향으로 수백 미터까지 피어상부인 플랫폼이 확장되었다.

1923년에는 지역 호텔 경영주에게 소유권이 이전되면서 해변 백사장을 따라 넓은 해수목욕탕 형태로 탈바꿈하였다. 가늘고 긴 직사각형 형태의 리버티 스타일(Liberty Style) 건물양식을 유지하였으며, 목재보다 내구성 있는 재료로 대체하였고 이동통로도 4m로 폭으로 확폭하였다.

피어가 델라 페나 광장(Della Penna square)에 근접한 현재 위치로의 이전 결정은 1932년 1월 30일에 이루어졌다. AASCS 행정위원회

177)

에서 클래식음악 콘서트를 위한 피어와 건축물 조성에 대한 필요성이 제기되었기 때문이다. 공사를 위해 건축가 에리코 카르테이는 이전 건축물의 구조를 상당부분 수정하여 오늘날의 '조개껍질' 모양의 건축물을 조성하였다. 약 1년 후인 1933년 7월 18일 건물 개관식을 진행했고, 당시 이탈리아에서 하계절 동안 클래식음악 콘서트를 개최하는 장소로 주목을 받았다. 하지만 제2차 세계대전의 발발로 콘서트홀은 일시적으로 군수물자 창고로 사용되기도 하였다. 종전 이후 50년대와 60년대는 이탈리아 대중음악의 중심점이 되어 많은 뮤지션들이 모여들었고, 또 공연관람을 위해 관광객들의 방문이 지속적으로 이어져 당시 지역사회의 해양문화와 대중문화가 융합되는 절정의 시기를 누렸다. 그러나 시간이 지나면서 대중문화가 영향력을 상실하면서 1980년대에 피어 운영을 지속하기에 바람직하지 않다고 하여 폐쇄가 결정되었다.

한때 중요한 해양관공목적지이었던 피어는 세니갈리아시가 피어 소유권을 되찾고 난 이후, 유럽연합(EU)으로 피어 개보수작업을 위해 재정지원을 받으면서 공사가 진행되었다. 공사기간 동안 일반대중에게 비공개상태로 진행되었으며, 2006년 하계절에 공개되어 현재까지 운영중에 있다. 현재 아드리아해의 피어로서 지역주민과 방문한 관광객에게 랜드마크로서 해양관광매력물로서 포지셔닝 되어 있다.

⑤ 주요이슈

로톤다 아 마레는 1980년대 재정 및 운영상의 문제로 폐쇄되었지만, 이후 유럽경제공동체(EEC)로부터 €1,983,194를, 지방정부로부터 €577,008을 재정지원 받아 총 €2,560,202를 확보하였다. 세네갈리아

지방정부의 요청으로 폴리시니 그룹(Polishini Group)의 주도하에 2004년부터 2006년까지 피어 복구작업이 지속되었다. 해당 복원작업에는 콘서트홀 내부 바닥 보강, 피어 교각의 재구성, 녹 제거, 자재 보강, 조명 수리, 환풍기 수리 및 배관 수리 등이 해당되었다.[178]

자료출처 : https://torellidottori.com   자료출처 : https://torellidottori.com

<그림 86> 보수공사 중인 피어   <그림 87> 피어하부 입장금지(2018년)

이후에도 노후화로 인하여 지속적으로 교각 부식이 진행되었고 현재 상당 부분에 마모가 진행되고 있다. 건물내장재에 균열이 발생하여 석고들이 떨어져 나가는 것이 관찰되었으며, 2018년 1월 피어 하부 기둥 주변으로 이용자들의 접근을 금지시켰다. 올해 성수기인 여름 시즌 이후 2018년 9월부터 유지보수작업을 시작할 것이라고 발표하였다.[179]

---

178) https://www.polisini.com/lavori/restauri/91-lavori/restauro/138-rotonda-a-mare-di-senigallia.html
http://www.prolocosenigallia.it/rotonda.asp

179) http://www.centropagina.it/senigallia/senigallia-transenne-sotto-il-pontile-della-rotonda-nessun-rischio-crollo/

(2) 관광환경

① 가치

- 역사적 가치

2014년에는 'CNN이 선정한 세계에서 가장 아름다운 피어' 중 하나로 선정되었다. 현재 트립어드바이저(Tripadvisor) 기준으로 평점 4.0이고 82곳의 세니갈리아 소재 관광목적지 중 5위로 되어 있다.

- 문화적 가치

로톤토 아 마레 피어는 피어 역사상 최초로 클래식공연을 목적으로 지어진 단독 콘서트홀을 피어 상부에 보유하고 있는 유일한 피어로 그 상징성이 높다. 시대의 흐름에 따라 문화향유에 대한 다양성이 반영되면서, 클래식공연에서 부터 대중음악에 이르기까지 다양한 음악장르의 공연문화를 표현하는 장소가 되고 있다. 특히, 하계절이 되면 각종 연주회와 페스티벌로 해양관광목적지로서 기능을 다하고 있다. 또한 아드리아 해안이 제공하는 뛰어난 해양경관으로 인해 예비 신혼부부의 결혼식장과 피로연, 연회장으로 많이 사용된다.

② 관광매력물

- 세니갈리아 여름 잠보리 페스티벌(Senigalla Summer Jamboree Festival)

1940-50년대 미국음악과 문화의 영향을 받아 시작되어 오늘날 세계적인 페스티벌로 성장하였다. 매년 성수기인 8월 초에 세니갈리아 전역에서 열린다. 약 50개의 무료 콘서트를 개최하며 낮 12시부터 오전 4시까지 매일 미니 콘서트 및 DJ 파티도 운영한다. 댄스 캠프, 빈티지 자동차 퍼레이드, 푸드트럭, 각종 기념품 판매까지 다양한 분야의 프로그램을 즐길 수 있다. 축제는 서머 잠보리 세레(Summer

Jamboree Srl)에 의해 조직되고 마르케(Marche)와 안코나(Ancona)지역 상공회의소 지원 하에 세니갈리아시가 민간 스폰서의 지원을 받아 추진한다. 페스티벌 기간동안 피어 콘서트홀에서는 각종 콘서트, 이벤트, 애프터파티 등도 진행한다.

- 페넬로페[180] 동상(Penelope)

그리스신화에 등장하는 왕비로 사랑하는 사람을 기다리며 지조를 지키는 여인의 우아함과 아름다움을 형상화한 조각으로 그 형상이 주는 매력으로 인해 도시의 랜드마크 기능을 한다. 방문객들은 사랑의 언약으로 동상주변에 열쇠를 달아놓곤 한다.

- 로카 마조레 요새(Rocca Maggiore)

로카 마죠레 요새의 원형은 시민들에 의해 파괴되었다가 14세기 초반 외부의 공격으로부터 도시를 방어할 목적으로 재건축된 로마시대의 요새이다. 아시지 북쪽 가장 높은 언덕에 위치하고 있어 도시 전체와 주변 움브리아 평야의 전경을 볼 수 있는 전망대 역할도 하고 있다.

- Al Foro Annoario

성곽도시의 특성사 광장(plaza)를 중심으로 형성된 상업지역을 확장하기 위해 디자인된 광장으로 신고전주의 스타일의 벽돌 구조로 되어있다.

---

180) 그리스 신화에 나오는 영웅 오디세우스의 아내. 페넬로페는 남편 오디세우스가 트로이 전쟁에 나가 돌아오지 않는 사이에 수많은 구혼자들로부터 결혼을 요구받으며 시달렸지만 끝까지 지조를 버리지 않고 남편을 기다렸다. 마침내 돌아온 오디세우스는 구혼자들을 모두 죽이고 페넬로페를 구해주었다(자료출처: 네이버 지식백과, 그리스로마신화 인물백과).

6. 해협과 만, 연안의 피어

1) 호주 Lorne Pier *lorne*

배스해협(Bass Strait)[181]에 위치한 Fishing Pier.

(1) 개요

① 물리적 현황

㉠ 위치

호주 빅토리아(Victoria)주 론(Lorne)에 위치하고 있으며, 주소
는 Great Ocean Rd, Lorne VIC 3232이며, 좌표는 38.547778,
143.986861이다. 론은 그레이트 오션 로드[182]상의 방문목적
지 중 하나이며,[183] 호주에서 두 번째로 큰 도시인 멜버른에
서 약 2시간 정도 거리에 위치하고 있고 론 시내에서 Lorne
pier까지는 약 5분 정도 소요된다.[184]

---

181) 너비 130~240km. 길이 300km. 깊이 70m. 호주 남동해안과 태즈메니아섬 사이의 해협. 서쪽은
인도양에, 동쪽은 태즈먼해에 이어진다. 항해의 방해가 되는 작은 섬들과 산호초가 많으며, 중앙
부는 남위 40°선에 해당한다. 개척 초기에는 태즈메이니아를 대륙의 일부로 생각하였으나, 1798
년에 영국의 탐험가 G.배스가 빅토리아주(州)의 남해안을 탐험하다가, 강한 해류의 존재로 태즈메
이니아가 섬이라는 것을 알아냈으며, 플린더스와 함께 처음으로 해협을 동쪽에서 서쪽으로 통과
하였다(자료출처: 네이버 지식백과, 두산백과)

182) Great Ocean Road: 호주의 남동부 해안을 따라 이어진 243km의 도로. 1919년부터 1932년까지
제 1차 세계대전을 마치고 돌아온 군사들을 위한 국책사업으로 진행

183) https://en.wikipedia.org/wiki/Lorne,_Victoria

184) https://www.google.co.kr/maps/@-38.5475472,143.986792,309m/data=!3m1!1e3?hl=ko

자료출처 : google.com/earth

<그림 88> 위성지도

ⓒ 설립연도, 공사개발기간

Lorne pier는 처음 Lorne의 벌목산업을 지원하기 위해 1876년 건설을 시작하여 1879년 완공되었다. 이후 시설의 노후화로 피어상태가 악화되면서 여러 부분들이 수리되거나 대체 작업이 반복됨에 따라 새로운 피어공사가 2006년에 건설되기 시작하여 2007년 3월에 완공되었고,[185] 약 500만 호주 달러가 소요되었다.[186] 2007년도에 기술우수상(Engineering Excellence Award)을 수상하였다.[187]

---

185) http://www.intown.com.au/locals/lorne/lorne-pier.htm
186) http://www.intown.com.au/locals/lorne/lorne-pier.htm
187) http://www.lornevictoria.com.au/lorne-pier/

ⓒ 설계자, 공사 시공사

2006년 시작되어 2007년 완공된 새로운 Lorne pier는 그레이트 오션 로드 코스트 위원회(Great Ocean Road Coast Committee)에 의해 McConnell Dowell사[188]와 계약을 체결한 뒤 공사를 진행하였으며, 설계는 McConnell Dowell사의 Vito Trantino가 맡았다.[189]

② 방문객

Lorne pier는 입장료가 없는 공공시설이며, 입장객을 관리하는 사무소가 없어 정확한 방문객 수를 찾을 수가 없다. 그러나 이곳에서 개최되는 세계에서 가장 큰 수영대회인 Pier to Pub[190] 기간에는 방문객들이 약 2만명 이상 방문한다.[191] 또한 이 대회의 참가자도 약 5000명 정도에 이른다. 이 대회는 매년 1월에 열리기 때문에 그 시기에 많은 방문객들이 집중된다고 할 수 있다.

③ 주요 시설 및 특징

㉠ 주요 시설 소개

Lorne pier의 총 길이는 196m이다. 피어 헤드부분은 Y자 형태로 되어있고 한 계단 낮은 곳에 플랫폼을 별도로 조성하여 방문객들에게 방해를 받지 않고 낚시를 할 수 있도록 디자인 되어 있다. Lorne pier가 낚시스팟으로 인기가 높은 이유이다. 피어가 지닌 단점으로 다른 별도의 편의시설이나 부대시설은 없다는 것이다.

---

188) 1961년 설립된 뉴질랜드의 건설회사

189) https://au.linkedin.com/in/vito-trantino-a475608

190) Pier to Pub: 매년 1월 개최하는 세계에서 가장 큰 수영대회로 기네스북에 등재되기도 함. 1981 년에 시작하여 지금까지 이어져오고 있으며 Pier에서 시작하는 1.2km의 코스를 가지고 있다.

191) https://en.wikipedia.org/wiki/Lorne,_Victoria

ⓛ 유형

Lorne pier는 낚시용 피어에 해당된다. 건설 당시에는 벌목산업으로 인한 나무를 운반하기 위한 산업용 용도가 주목적이었으나 오늘날 낚시를 위한 목적지로 인식되고 있다. Lorne pier는 조황(釣況)이 좋아서 빅토리아주에 거주하는 낚시꾼들에게 인기가 높아 주말에는 피어 전체의 혼잡도에 영향을 준다. 이곳에서는 주로 연어(Salmon), 검정통삼치(Barracouta), 전갱이(Trevally), 오징어(Squid) 등이 잡힌다.192)

④ 역사

최초의 Lorne pier는 벌목산업을 위해 1879년에 건설되었으며, 벌목된 나무를 질롱(Geelong)지역으로 운반하기 위한 선박의 정박기능을 하였다. 또한 Louttit Bay(Lorne의 옛 이름193))의 지역에 필요한 물자를 운반하는 장소로도 사용되었다. 레크레이션 낚시가 인기를 끌면서 지역에 36대의 낚시어선이 있으며, 수산협동조합에 의해 1톤(선박의 크기를 나타내는 단위194))의 Couta 어선을 제공한다. 피어에는 크레인이 설치되어 있어 기후가 좋지 않을 때 해상에 있는 선박을 육상의 데크공간으로 이동하는데 사용한다. 그러나 피어의 노후화가 진행되면서 피어를 이용하는 운항 선박의 수가 3척까지 줄어들면서 새로운 피어건설의 필요성이 제기되었다. 2006년 새로운 피어가 건설되기 시작하면서 old pier는 역사적으로 기억하기 위해 피어일부 구간만 남겨놓은 상태이다.195)

---

192) http://www.intown.com.au/locals/lorne/lorne-pier.htm

193) http://www.intown.com.au/locals/lorne/history_lorne.htm

194) http://m.terms.naver.com/entry.nhn?cid=43659&categoryId=43659&docId=5803

195) http://www.lornevictoria.com.au/lorne-pier/

⑤ 주요 이슈

Lorne pier에서는 매년 1월 Pier to Pub이라는 이벤트가 개최된다. Pier to Pub은 1981년 시작하여 오늘날까지 이어져 오고 있으며, 1998년 이벤트에는 3,071명이 참가하여 세계에서 가장 큰 바다 수영 대회로 기네스북에 등재되었다. Lorne pier에서 출발하여 Lorne Surf Lifesaving Club house까지 이어지는 1.2km의 코스로 이루어지는 대회이다.[196] 2017년, 이 대회가 시작되는 시기에 40km 떨어진 주변 바다에서 상어가 관찰되었지만 상어출몰에도 불구하고 경기는 진행되었다. Pier to Pub 주최측은 ABC Surf Lifesavers들을 통해 경기기간 동안 관찰과 감시를 강화했다고 하였고, 이 대회 감독관 Mark Williamson은 코스 상에 상어가 발견되면 대회가 취소될 수 있다고 하였다.[197] 다행히 2017 Pier to Pub은 상어의 발견 없이 성공적으로 끝마칠 수 있었다. 하지만 2017년에 관찰된 상어의 수가 3~4년간 관찰된 상어의 개체 수 보다 많았다고 한다. 향후 대회가 개최될 때 참가자들의 안전에 만전을 기해야할 것으로 생각된다.

(2) 관광환경

① 관광환경

- 역사적 가치

Lorne시는 벌목산업으로 인해 발전한 산업도시에 해당된다. 1879년 Lorne에서 벌목된 나무를 질롱(Geelong)지역으로 운반하기 위해

---

196) http://www.lornesurfclub.com.au/Content/Home

197) http://www.abc.net.au/news/2017-01-07/lorne-pier-to-pub-goes-ahead-despite-shark-sightings/8167054

피어가 건설되었기 때문에 Lorne시의 역사와 함께하는 상징성을 지니고 있다.

- 문화적 가치

매년 1월 세계에서 가장 큰 바다 수영대회로 기네스북에 등재된 Pier to Pub이 개최된다. 이 대회는 3만 명 이상의 관람객이 방문하고 5,000명의 선수들이 경기에 참가한다. '세계최대'라는 타이틀을 지닌 이벤트 개최장소로서 피어가 지닌 문화적 매력은 관광경쟁력 제고에 기여하고 있다.

- 환경적 가치

피어 근처에 파력(power of waves)을 이용하여 전기를 생산하는 발전소가 조성되어 있다. 빅토리아에서 처음으로 설치된 water unit으로 2010년에 설치되었다. 1.5kw의 전기를 생산하고 피어의 상부 가로등을 밝히는 데 사용된다.[198] Lorne Pier 프로젝트는 2016년 Eco Gen Conference에서 가장 탁월한 소규모 청정에너지 프로젝트상(Most Outstanding Small-Scale Clean Energy Project Award)을 수상했다.[199]

② 주변 관광매력물

- Teddy's Lookout

Lorne pier에서 차로 약 5분 떨어져 있으며, 그레이트 오션 로드의 전경을 감상할 수 있는 해양경관 전망대이다. Saint George강과 여러 산봉우리등 육지경관도 감상할 수 있다.[200]

---

198) http://www.intown.com.au/locals/lorne/lorne-pier.htm

199) https://www.colacherald.com.au/2012/02/lorne-pier-wave-power-test-success/

200) http://www.lornevictoria.com.au/teddys-lookout/

- Great Ocean Road

호주의 남동쪽 해안을 따라 243km 이어진 도로이다. 1919년부터 1932년까지 건설되었고 이는 제1차 세계대전에서 사망한 군인들을 위해 헌정되었으며 세계에서 가장 큰 전쟁기념관이라고도 할 수 있다. 이 도로는 Anglesea, Lorne, Apollo Bay, Port Campbell와 같은 도시들을 경유하며 12사도, 런던브릿지와 같은 자연경관을 감상할 수 있다.[201]

- Twelve Apostles

12사도(司徒)라고 하며, 수 만년 동안의 파도의 침식작용으로 인해 생긴 바위기둥이다. 예수 그리스도의 12제자에서 지어진 이름이다. 원래 12개였던 바위 중 현재는 6개만이 남아있다. 매년 2cm씩 침식되고 있으며, Lorne pier에서는 약 2시간 30분 소요되는 곳에 있다.

2) 말레이시아 Church Street Pier

믈라카해협(Melaka, Selat)[202]에 위치한 Pleasure Pier.

(1) 개요

① 물리적현황

피어는 말라카해협에 위치해있으며, 주소는 Jalan Gereja, George Town, 10200 George Town, Pulau Pinang, Malaysia이고, 좌표는 5.415226, 100.344191. 피어의 길이는 총 71.55m(234.74피트)이며,

---

201) https://en.wikipedia.org/wiki/Great_Ocean_Road

202) 말레이반도와 수마트라 섬 사이의 해협. 동쪽의 남중국해와 서쪽의 안다만해를 연결함. [다른 이름]말라카 해협 Straitof Malacca. 길이 800km. 너비 60~500km. 해협의 주요 항구는 피낭 · 포트스웨트남 · 믈라카 · 싱가포르 등임(자료출처: 네이버 지식백과, 세계인문지리사전, 2009. 3. 25., 한국어문기자협회)

피어의 상부와 하부 기둥 재료는 화강암석을 사용하여 건축되었다. 피어 헤드부분에 중식전문 레스토랑이 입점해 있고, 피어 뒤편에는 선착장이 있다. 피어 건설공사는 1897년에 시작하여 1898년에 완성되었으며, 당시 사업비로 $ 48,889가 소요되었다.

자료출처 : google.com/earth

<그림 89> 위성지도

② 운영과 주요시설

현재 피어의 운영주체는 페낭지방정부의 페낭항만공사(PPA)가 운영하고 있다. 요트정박은 24시간 가능하며, 레스토랑은 12시부터 야간까지 개장한다. 피어 입장료는 별도로 징수하지 않으며, 페낭주정부에서 운영하는 무료 셔틀버스를 이용하여 피어에 접근할 수 있다. 피어내 주요 시설로는 요트계류장, 레스토랑(중식전문, Gastro Pub)과 별장, 펜트 하우스도 있으며, wedding 촬영장소로도 이용된다.

③ 역사

피어의 최초 개발목적은 1989년 영국의 말레이시아 식민지배와 대중국과의 교역 강화를 위한 목적으로 전략적 교두보 확보 차원에서 페낭섬에 건설되었다. 그러나 1941년 제2차 세계대전 당시에는 일본의 말레이시아 침공을 위한 거점이 되었으며, 영국군의 패배로 피어는 일본의 태평양전쟁의 전진기지로 사용되었다. 이후 1957년 말레이시아가 독립국을 선포하면서 Church Street Pier는 페낭섬과 말레이시아 본섬(Seberang Pera)을 연결해 주는 선착장으로서 물류의 중심점으로 사용되었다. 그러나 1985년 페낭대교[203] 건설(현대건설 시공) 이후 church street pier의 역할은 감소하기 시작하였다. 한편, 1990년도 페낭대교 건설로 인해 감소한 이용율 제고를 위해 마리나 사업과 ferry 선착장을 운영하기 시작하였다.

2004년 12월 26일 인도양의 지진 해일로 인해 피어가 훼손되었고 피어 운영은 일시적으로 폐쇄 중단되었다. 10년이 지난 2015년부터 피어를 재개장하여 운영하였고, ferry 선착장은 원상태로 운영되었으며 피어 헤드부분에 QEⅡ restaurant이 새롭게 입점하였다.

④ 주요이슈

1941년 시작된 제2차 세계대전이 동남아시아에도 영향을 미쳐 말레이시아는 1942년 4월 일본의 점령 하에 영국의 식민지에서 다시 일본의 식민지로 전락하면서 군비확충을 위한 식량 약탈과 국민 차출 등 전쟁의 피해국이 된다. 당시 Church Street Pier도 일본의 태평양

---

203) 말레이시아 본토인 세베랑 페라이(Seberang Perai)와 페낭섬(Penang Island)을 연결하는 총 길이 13.5km. 1985년 완공당시 아시아에서 최대, 세계에서 3번째로 긴 대교로서 통행시간 약 20분 소요. 말레이시아 국가를 상징하는 랜드마크 역할을 담당.

전쟁전진기지로 사용되었다. 종전 이후 공식적으로 1957년 말레이시아는 영국으로부터 독립하게 되었고, church street pier는 페낭섬과 말레이시아의 본섬을 연결해 주는 해상교통의 거점으로 선박용 선착장으로 주로 이용되게 되었다.

2004년 12월 26일 인도양에서 발생한 지진 해일 발생은 모멘트 규모 9.1-9.3의 해저지진으로 이로 인해 지구의 자전 주기가 2.68마이크로초 단축될 만큼 강력하였으며, 인도양 연안국가의 국민들 중 약 28만명이 넘는 목숨을 앗아갔다. 이 지진 해일로 말레이시아를 비롯한 스리랑카, 몰디브, 인도, 태국, 인도네시아, 싱가포르, 아프리카의 소말리아까지 큰 피해를 입었다. 당시 church street pier도 많은 훼손을 입게 되어 운영을 일시 중단하였다. 하지만 이후 말레이시아 정부의 재건사업으로 본래의 모습을 찾게 되었고 2015년 다시 운영을 재개하였다.

(2) 관광환경

① 가치

- 역사적 가치

영국 식민지시대의 문화유산으로 그리고 2차대전시에는 일본의 침략 거점으로 말레이사아의 근현대사의 아픔을 지닌 역사적 유산이다.

- 문화적 가치

페낭섬은 말레이시아 내에서 중국 화교들이 많이 거주하는 지역으로 탈바꿈되므로 중국식 문화가 융합되어 있다. 중국식 불교사원과 문화가 잘 보존된 지역으로 피어 상부의 중식전문 레스토랑(QEⅡ restaurant)에서부터 볼거리등이 제공된다.

- 환경적 가치

말라가해협의 아름다운 해양경관을 감상할 수 있다.

② 관광매력물

- Georgetown(Penang)은 말레이시아의 과거 모습을 잘 간직한 도심 속 지구(district)로서 쇼핑몰, 호텔 등 상업 지역으로 문화적 가치를 인정받아 유네스코 문화유산으로 지정되어 있다. Penang섬의 주도로서 영국 식민지 시대에 지어진 관사, 교회, 불교사원, 힌두교 사원 등이 위치하며 역사적 건축물, 문화 명소가 잘 간직되어 있는 동서양 문화가 공존하는 도시이다. 또한 벽화와 철제조각작품들이 벽화거리를 풍성한 문화콘텐츠로 채우고 있다.

- Penang State Museum은 영국 식민지 시대의 건물을 학교 건물을 개조하였고 현재는 주립 박물관으로 사용된다. Penang의 역사와 더불어 말레이시아의 역사, 문화를 개관할 수 있으며, 예술작품, 고무기, 고가구 및 전통 의상 등을 전시한다. 개장시간은 09:00-17:00.

- Burmese Buddihst Temple은 1803년에 건축되었으며, 말레이시아에서 현존하는 가장 오래된 사원. 버마식 불교에 관심이 있다면, 조지타운내 Dhammikarama(Dharmikarama) 위치한 이곳으로 가면 된다. 미얀마(Myanmar)국경 밖에 존재하는 극소수의 버마식의 불교사원이다. 사원 내에는 거대한 금동부처 입상과 황금탑, 불상 등이 자리해 있다. 정원에는 연못을 따라 화려한 색채의 조각상과 여신상, 불상이 있어 관광코스로도 유명하다.

- Batu Ferringhi Beach는 해변을 중심으로 샹그리라 리조트, 이스트&오리엔탈 호텔 등 세계 최고 수준의 리조트가 위치한 해양관광목

적지이다. 다른 해변과 달리 동력이 달린 해양레저기구의 이용이 허용되기 때문에 다양한 해양레저스포츠를 체험할 수 있으며, 리조트 배후에는 야시장이 있어, 야간에 지역문화를 경험할 수 있는 좋은 해양관광매력물이다.

3) 중국 The Eight Immortals Crossing the Sea Pier

보하이만204)에 위치한 Pleasure Pier.

자료출처 : google.com/earth

<그림 90> 위성사진

---

204) Bohai Bay, 渤海灣(발해만)

중국 랴오둥반도[遼東半島]와 산둥반도[山東半島]로 둘러싸인 보하이해[渤海] 서쪽에 있는 만(灣). 랴오둥만[遼東灣]・라이저우만[萊州灣]과 더불어 보하이해[渤海]에 있는 3개의 만 가운데 하나이다. 황해(黃海)에서 이어지는 보하이해는 수심이 평균 20m에 지나지 않는 내만성(內灣性) 해역이다. 보하이해 서쪽의 보하이만은 허베이성[河北省]과 텐진[天津]에 접하여 있으며, 연안에 몇 개의 유전과 정유공장이 있다(자료출처: 네이버 지식백과, 두산백과).

(1) 개요

① 물리적 현황

위치: 중국 산둥성 펑라이시(中国山东省蓬莱市)

좌표: 37°49'29"N 120°46'13"E

주소: Haibin Rd., Penglai, Yantai, Shan Dong, China

② 운영주체

팔선과해여행공사가 직접 투자하고, 운영 및 관리하고 있다.

소유권	국유제
수익	연수익 1,204만RMB (한화 약20억원)
입장료	80RMB(한화 약 15,000원) 1.2m 이하 어린이 무료 1.2m-1.4m 어린이, 65세 이상 실버, 장애인 등은 반액할인
운영시간	평일: 8:30-17:00 주말: 9:30-22:00
이용패턴	연중무휴

③ 주요시설 및 특징

- 설립연월일: 1985년 6월7일

- 공사개발기간: 3년

- 사업비: 2억RMB (한화 약335억원)

- 설계자: 팔선과해여행공사

- 시공사: 팔선과해여행공사(민영 八仙过海旅游公司) 담당

팔선과해는 중국의 AAAAA 풍경구(風景區)[205]로 지정되어 있다. 피어 입구에는 당송(唐宋)시대 팔대 문장가인 소식(蘇軾)이 쓴 '팔선

과해구(八仙過海口)', '인간선경(人間仙境)' 글자가 Gate 현판에 있어 방문하는 관광객을 맞이한다.[206] 입구를 지나 시작되는 교각을 건너는 것은 마치 속세의 인간 세계를 벗어나 선경에 이르는 도교의 이상향을 경험하게 한다. 교각을 건너면 구름 너머 신선의 도시라는 뜻인 '운외선도(雲外仙都)'와 도를 얻어 신선이 된다는 '득도성선(得道成仙)'이라고 쓴 문이 보인다.

팔선과해의 총 면적은 55,000㎡, 총길이 440m이고, 너비는 8m이다. 입구의 교각과 피어(원형의 해상산책로) 소재는 석재 콘크리트로 되어 있다.

자료출처 : www.travelchina.gov.cn

<그림 91> 팔선과해 해상누각

자료출처 : www.kknews.cc

<그림 92> 입구 교각에서 본 모습

④ 역사

「팔선과해(八仙过海)」는 고대 중국신화에 나오는 한종리(漢鍾離), 장과로(張果老), 한상자(韓湘子), 조국구(曹國舅), 여동빈(呂洞賓), 이철괴(李鐵拐), 남채화(藍采和), 하선고(河仙姑) 등[207] 여덟분의 신선(神仙)

205) 일반적으로 중국에서는 알파벳 A의 개수로 관광목적지의 인지도 및 경관 등급을 평가하여 최고 등급은 AAAAA

206) 시서화에 뛰어났던 소동파(蘇東坡)가 등주 태수(太守)로 있으면서 이 명문을 남겼다고 전해진다.

이 배를 타지 않고 각자 자신들이 지닌 재주를 이용해 바다를 건넜다고 하는 팔선과해 각현기능(八仙过海 各显其能)에서 유래되었다. 오늘날 팔선과해의 의미는 사람들 마다 자기 나름대로의 방법과 수단을 발휘하여 주어진 운명을 따르며 주어진 임무를 수행함을 비유하는데 사용되기도 한다. 도교 문화와 팔선과해 신화를 배경으로 '서로 도움을 주고 능력을 보여준다'의 단결과 협동정신의 상징성을 지니고 있다고 한다.

본래 작은 도교사원이 있던 이곳을 팔선과해그룹이 인수, 확장하면서 해상에 이상향인 목적지를 인공건설한 형태라고 할 수 있다. 위성에서 보면 마치 요술 호리병이 바다 위에 누워있는 것과 유사한 형태를 띠고 있다. 따라서 도교 문화와 펑라이 신화를 배경으로 기반으로 피어가 조성되었다. 1892년 신화내용을 바탕으로 해상에 팔선과해를 건설하였고, 1985년도 피어를 포함한 팔선사를 개보수하였다.

⑤ 주요이슈

1990년대에 팔선과해 글귀가 적힌 비석을 장사꾼이 불법 점거하여 관광객이 사진찍는 것을 방해하였고, 만약 기념사진 촬영시 돈을 지불하여야만 하였다. 불법 장사꾼의 난립은 관리부족에 기인하였기 때문에 2002년도부터 중국정부가 체계적으로 관리를 시작한 이래 이러한 불법상행위는 없어졌다.

---

207) www.baidu.com/baxian

(2) 관광환경

① 가치

펑라이(蓬萊) 소재 The Eight Immortals Crossing the Sea(팔선과해, 八仙过海) Pier는 중국에서 가장 큰 해상예술정원, 가장 큰 해상석림(stone forest), 가장 긴 해상 산책로, 가장 높은 해상누각 등 다양한 해양콘텐츠를 보유한 해양관광목적지이다. 또한 신기루(海市蜃楼)(바다에 도시가 없는데 도시가 보이는 현상)와 같은 자연현상을 관찰할 수 있는 독특한 가치도 지니고 있다.

- 역사적 가치

팔선과해는 중국신화 내용을 바탕으로 지어진 해상건축물로써, 건물과 동선을 따라서 신화의 내용이 담겨진 그림과 상징들이 풍부하여, 중국의 역사와 민간신앙 체계를 이해하는데 도움이 된다.

- 문화적 가치

팔선과해는 중국의 AAAAA 풍경구로 중국 최고 등급의 문화유산이다.

- 환경적 가치

신기루를 볼 수 있다하여 진시황이 3번이나 찾아왔었다는 이곳에 신화내용을 바탕으로 팔선과해가 지어졌기 때문에 피어나 회신각에서는 날씨가 맑은 날 신기루를 볼 수 있어 그 가치가 매우 크다.[208]

② 피어내 주요 관광매력물

- 망영루(望瀛樓)

팔선과해에서 들어가면 먼저 그림과 조각으로 화려하게 장식한 4층 건물인 '망영루(望瀛樓)'를 보게 된다. 이곳에 오르면 신선이 건넜

---

208) www.baidu.com//baxianchuanshuo www.mafengwo.com/zhunji.cn www.weibo.com/penglai.lvxing

다는 바다를 조망할 수 있다. 여기에는 1층에 목조각, 고전가구, 2층에 옥그릇, 칠그릇 등이 전시되어 있으며, 무려 천톤이나 되는 옥도 있다. 3층에는 차 공예관이 있어서 이곳에서 차를 마시면서 해양경관을 감상할 수 있다.

- 팔선사(八仙祠)

여덟분의 신선은 각기 다른 특성을 지니고 있지만 악습을 제거하고 인간세상에 안녕을 가져다주는 공통점이 있어서 사람들은 여덟 신선을 평안신(平安神)으로 부른다. 그래서 팔선사에서는 해마다 정월 16일이 되면 여덟 선인을 기념하는 노래대회를 개최하는데 인산인해를 이룰 정도로 많은 사람들이 참가한다고 한다. 팔선사의 좌우에는 기복전(祈福殿)과 재신전(財神殿)이 있다.

- 회신각(會神閣)

팔선과해에서 가장 높은 건축물은 42m 높이 5층 건물인 '회신각(會神閣)'이다. 1층에는 '중묘지문(衆妙之門)'이라는 현판이 있는데 '회신각'과 함께 당대의 서예가 구양중석이 쓴 것이다. 여기에는 도교에서 가장 신봉하는 72명의 신선을 모시고 있다. 72 신선이 각각 생동감이 담긴 표정, 몸의 선, 자태가 잘 표현되어 있어 신선들과의 일체감을 경험하여 도교의 최고 경계에 이르게 된다고 하여 이곳을 도교(道敎)의 성지(聖地)라고 한다.

- The Eight Immortals Banquet (팔선과해잔치) (八仙宴)

새우, 해삼, 가리비, 바다 게, 붉은 달팽이, 실크 및 기타 해산물을 주요 재료로 하여 8명 신선들의 보물을 요리로 표현 한 모듬 요리로서 8개의 모듬 요리와 각각 8개의 뜨거운 요리, 뜨거운 수프를 제공하는 레스토랑이다.

제 5 장

지구 상에 하나 밖에 없는

독특한 피어를 찾다!

1. 세계최장의 피어

멕시코 Progreso Pier at the Gulf of Mexico

자료출처 : google.com/earth

<그림 93> 위성사진

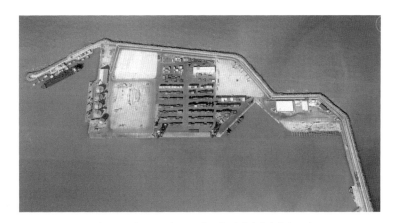

<그림 94> 헤드부분의 유류탱크와 컨테이너터미널(공사중)

<그림 95> 크루즈선터미널(공사중)

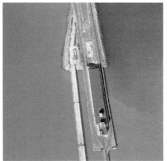

<그림 96> 피어 중간

<그림 97> 피어 입구

(1) 개요

① 물리적 현황

프로그레소 피어(Pier in Progreso, México)는 멕시코의 유카탄주 프로그레소 항구에 위치해 있다.

- 지역 명칭 : 멕시코 유카탄 프로그레소 (Progreso, Yucatán, México)
- 위치 : Boulevard Turístico Malecón, Progreso, Yucatán
- 좌표 : 21°17'18.3"N 89°39'53.4"W
- 길이 : 6.5km(세계 최장 - amusingplanet, wikipedia)
- 개발기간 : 4년(1937년~1941년)
- 개시(설립년도월일) : 1941년, 1988년(길이 확장)

www.amusingplanet.com[209]에 의하면, 프로그레소 피어는 현존하는 세계에서 가장 긴 피어이다. 강화용 콘크리트를 사용하여 건설된 것으로 걸프만(the Gulf of Mexico)의 연안해역 방향으로 6.5km까지 돌출되어 있으며, 외형을 섬을 연결하는 교량의 모습을 띄고 있다. 유카탄 연안해역의 수심이 매우 얕기 때문에 화물을 선적한 대형선박의 정박을 위해 길이가 길어졌다. 여객선을 이용하는 승객들의 승선과 하선도 지원하며 도심까지 무료셔틀이나 택시를 이용할 수 있다.

② 주요 시설 및 특징

Progreso pier는 항만에 특화된 피어로서 다른 피어들과 달리 내부에 음식점이나 상점 등의 편의시설이 존재하지 않다. 주요시설로는 컨테이너 처리시설과 RoRo(Roll-on / Roll-off: 선박항해) 시스템, 조성중인 국제크루즈선 터미널을 들 수 있다.

③ 역사

프로그레소 피어의 외형적 변화는 세 단계로 나눌 수 있다. 첫 번

---

209) 전 세계적으로 예술, 건축, 디자인, 여행, 문화, 사진 등 예능 분야에 대한 기사를 쓰며 특히 놀라운 장소에 대한 소개글을 올리는 웹 잡지

째는 20세기 초반에 건설된 목재피어이다. 둘째, 최초 피어를 대체하고자 1937년부터 1941년까지 2.1km 길이로 재건설되었다. 당시 콘크리트 피어는 12미터 높이로 175개의 경간(교량하부 기둥과 기둥간 거리)을 가졌다. 셋째, 1988년에 4km 길이가 추가 확장되었다. 이유는 피어에서 화물선과 콘테이너선의 처리용량을 증가시키기 위한 조치였다.[210] 현재 progreso pier의 모습은 1988년 확장공사를 끝마친 후의 형태로서 지금도 공사가 진행 중이다.

2차시기 피어 공사 때 멕시코만의 덥고 습한 거친 해양환경에 지속적인 노출상태로 있기 때문에 구조물의 내성을 강화하기 위해 당시 최첨단공법을 사용하였다. 지역의 석회암 골재 사용은 비교적 높은 다공성으로 인해 콘크리트는 철근부식과 연관되어 있었기 때문에 피어의 특정부위를 강화하기 위해 스테인리스강을 사용하기로 결정하였으며, 피어를 부분적으로 아치형태를 띤 것은 압축응력 때문에 최소한의 강화로만 가능했기 때문이다.

Progresso Port Authorities에 따르면, 피어는 지난 과거 70년 동안 심각한 하자보수공사를 한 사례가 없었으며, 유지보수를 위한 정기적인 관리도 행해지지 않았다고 한다. 1988년에는 컨테이너 처리시설과 선박항해 시스템을 포함해 추가로 4,000m가 확장되어 현재의 피어형태를 나타내고 있다.

④ 주요 이슈

프로그레소 항구에는 두 개의 피어가 존재하는데 progreso pier와 서쪽 방향 200m 지점에 있는 피어이다. 프로그레소 피어는 1941년

---

210) www.amusingplanet.com

다국적기업이었던 Christiani & Nielsen에 의해 건설되어졌으며, 당시 세계최초로 니켈을 함유한 스테인레스 스틸 강화용 콘크리트 구조물로서 연구대상이 되기도 하였다. 반면, 다른 피어는 사진의 좌측 동그라미 안에 보이는 잔해만 남은 상태로 되어 있다. 파도와 염해에 지속적인 부식과 침식에 의해 붕괴된 채로 방치된 결과이다. 프로그레소 피어보다 20년이나 뒤에 건축되었음에도 불구하고, 상부구조는 붕괴되었고 하부구조는 기둥의 잔해만 남아있다. 당시 탄소강 철근으로 지어졌으며, 피어의 경간을 스테인리스강으로 보강한 것이 주요 원인으로 파악되고 있어 세계토목건축 학계에서 오랫동안 연구대상이 되었다고 한다.

자료출처 : www.arminox.com

<그림 98> 부식으로 인해 붕괴된 피어

(2) 관광환경

① 가치

- 역사적 가치

세계 최장(6.5km)의 피어, 세계최초로 니켈함유한 스테인레스스틸 강화용으로 지어진 콘크리트 구조물[211]이라는 타이틀은 세계최고를 찾는 관광객에게 새로운 경험적 가치를 제공할 것이다.

- 문화적 가치

유카탄 반도에 위치한 고대 마야시대의 다양한 문화유산과 셀레스툰(Celestún)의 생태관광상품은 피어와 연계하여 다양한 관광상품 개발에 기여한다. 치빌찰툰(Dzibilchaltun), 욱스말(Uxmal) 등이 대표적인 고대 마야시대의 종교적, 문화적 유적지로 남아있다.

- 환경적 가치

프로그레소 피어는 세계최초로 니켈함유한 스테인레스스틸 강화용으로 지어진 콘크리트 구조물이다. 당시 상대적으로 열악한 등급

<표 12> The material consumption source from Arminox Progreso Inspection Report

Concrete	Piers/Columns(under water)		32,000㎥
	Beams, etc		30,000㎥
	Pavements, etc		10,500㎥
	In total		72,500㎥
Aggregate	Fill		57,000㎥
	Crushed(road pavements, concrete etc)		113,000㎥
	In total		170,000㎥
Cement	In total		23,000 ton
Steel	Stainless steel		220 ton
	Other reinforcement		Not stated

[211) 피어 재료와 관련하여 세계건축 및 토목사업 부문에서 선도기업인 Arminox®의 1999년 3월 발행된 조사보고서를 통해서, 피어건설시 사용한 재료는 콘크리트와 시멘트 그리고 스틸을 사용하였으며, 스틸은 스테인레스 스틸로만 되어 있음을 알 수 있다.

의 콘크리트를 사용하였음에도 불구하고 피어는 악조건하의 해양환경에서 70년동안 중대한 하자보수나 정기적인 유지관리 조치 없이 그 기능을 수행해오고 있다. 반면에 프로그레소 피어의 서쪽 200m 인근에 위치한 피어(탄소강을 보강한 철근으로 건설)의 경우 이미 심각하게 하부기둥이 훼손되었으며 상부구조물도 거의 손상되었다. 구조기술자들은 종종 프로그레소 피어가 콘크리트 보강재료 선택의 중요성을 보여주는 중요한 사례로 언급한다. 프로그레소 피어는 새로운 피어시공의 성공적 사례로서 뿐만아니라 피어건설시 해양환경의 수질과 생태계 보호에도 기여한 것으로 평가받는다.

② 관광매력물

프로그레소는 인구 2만 2천명의 멕시코 남동부, 유카탄주 북서부의 항만도시로 멕시코만(the Gulf of Mexico) 연안에 위치한 해안도시이다. 주변의 관광매력물은 마야문화유산과 연관성이 높다. 우선, 메리다(Merida)는 멕시코 유카탄주의 주도로 유카탄반도의 북서쪽 끝에 위치하며, 고대 마야제국의 도시문명이 있던 장소로서 1542년에 도시가 건설되었다. 한편 욱스말·치첸이트사·카바·라브나 등도 마야문명의 문화유적을 관람할 수 있는 관광목적지이다. 지역의 고유한 의상과 언어에서 토착 마야인의 문화유산을 경험할 수 있다.

1549년에 지어진 몬테호 저택은 16세기의 성당·풍차 등이 있어 스페인 지배하의 식민지시대 에스파냐 스타일을 경험할 수 잇다. 석회암 평야에서 용설란을 재배하여 사이잘삼 섬유를 생산·가공하며, 프로그레소항를 통해 수출한다. 다듬은 돌로 축조된 건축물이 많아 '백색 도시'라고도 불리운다.[212]

---

212) http://terms.naver.com/entry.nhn?docId=1208962&cid=40942&categoryId=34128

치빌찰툰(Dzibilchaltun)은 유카탄주의 수도 메리다(Mérida)에서 약 16km 정도 거리에 위치한 역사 도시이다. 마야 전고전기(Pre-classic) 시대[213]인 기원전부터 16세기 스페인 정복 후 초기 식민지시대까지 존속했던 마야 전통마을이다. 세월의 흐름에 의해 점진적인 쇠퇴화 과정을 마을규모도 계속 축소되었으며 현재 16세기에 건축된 가톨릭교회가 유적과 함께 남아있다. 고고학계에 따라면, 치빌찰툰 도시 건설자들은 소금 생산을 위해 해안가와 멀지 않으면서도 땅은 비옥하여 경작에 최적화된 대지를 고른 것으로 추정된다. 실제로 바닷가 가까이는 맹그로브 습지대 및 바위들이 있어 사람이 살기에 적합하지 않았다. 특히 이곳에는 '일곱 인형의 신전(Temple of the Seven Dolls)'[214]과 천연샘인 세노테 쉴라카(cenote Xlakah)[215]로 유명하다. 두 번의 밀레니엄을 거친 오래된 유적지이므로 역사적인 시기에 따라 겹쳐져 있는 건축물도 있다.

또한 프로그레소의 남쪽 60마일(약 110km) 거리에 위치한 셀레스툰은 강이 멕시코만으로 흘러들어가는 하구에 위치하고 있어, 민물과 바닷물이 만나는 곳으로 해양과 민물생태계의 종다양성을 관찰할 수 있다. 특히, 멕시코 플라밍고 자연공원(Parque Natural del Flamenco Mexicano)으로 지정되어 있으며, 멸종위기에 처한 동물을 보호하고 있다. 또한 지역주민의 대부분이 어업에 종사하거나 메소아메리

---

213) 마야 문명은 선고전기 중기(기원전 1,000~기원전 400)에 발원해 선고전기 후기(기원전 400~기원후 250)와 고전기(250~900)를 거쳐 후고전기(900~16세기)까지 약 2,500~1,900년간 존재한, 남아메리카에서는 가장 유구하고 발달한 문명

214) 1950년대 발굴 당시 후고전기 시대의 피라미드 아래에서 발굴되었으며, 당시 신전 내부에서 작은 7개의 인형 조상(彫像)이 발견되어 붙여진 신전의 명칭. 춘분과 추분 시기에 이 신전의 정문을 통해 일출을 볼 수 있으며, 마야의 도로인 삭베에 의해 나머지 유적 건축물들과 연결

215) 깊이 40m, 너비 40m, 길이 100m. 마야인들의 급수 기능을 수행하는 곳으로 신에게는 제사를 드리는 장소였다. 전통적으로 마야인들은 세노테가 발견되면 그곳에 마을을 건설하는 경우도 많았다고 한다. 세노테 쉴라카 지하에서 종교적인 의식과 제사를 지냈던 흔적과 유물이 발굴되었다. 현재 지역주민과 관광객들이 일 년 내내 수영을 즐기는 곳으로 변모

카216) 시대부터 이어져 온 소금 생산으로 생계를 유지하였으나, 최근(2016년)에는 에코투어리즘(ecotourism)이 각광을 받으며 관광업 종사자가 꾸준히 늘고 있다. 광활한 모래 해안가와 풍부한 야생 동식물을 볼 수 있는 곳으로, 특히 '멕시코 플라밍고 자연공원(Parque Natural del Flamenco Mexicano)'으로 지정되어 있어 군집해 있는 플라밍고들을 관찰할 수 있다. 또한 생물보전 지역으로서 왜가리, 펠리컨 등 200여 종의 새들이 계절에 따라 이곳을 오고 가며 서식한다. 멸종위기에 처한 바다거북의 부화 장소로도 유명하다. 멕시코 유카탄 주에 있는 해안 마을이다.

욱스말(Uxmal)은 고대 마야의 도시로 1996년 유네스코 세계문화유산으로 지정되어 있으며, 곳곳에 600-900년 무렵 푸크 양식217)으로 세운 독특하고 웅장한 건축물들이 남아 있다. 대표적인 건축물로는 마법사의 피라미드가 있다.

2. 세계에서 가장 아름다운 피어
남아프리카공화국 Durban Umhlanga pier

인도양의 아프리카 대륙 남아프리카공화국 연안에 위치한 Fishing Pier.

---

216) 아메리카 고고학에서 문화영역의 하나로, 북부를 제외한 멕시코의 태반, 과테말라, 영국령 온두라스, 엘살바도르와 온두라스, 니카라과의 서반과 코스타리카의 북서부를 포함하는 영역. 고전기, 후고전기 단계까지 문화가 발전한 지역임. 멕시코 중앙고원 문화, 멕시코 만안(灣岸) 문화, 오아하카 문화 등의 발전은 물론, 남멕시코에서 중앙아메리카에 걸친 마야문화도 번영

217) 푸크양식은 서기 600년경부터 비롯되어 900년경 가장 유행한 건축양식으로 건축물 축조시 석회가루를 물에 개어 만든 접착재료로 붙여가며 돌들을 쌓아올리는 방식으로 비교적 튼튼한 내구성을 유지한다. 첸네스(Chenes)나 리오 벡(Rio Bec) 양식에 비해서는 평평하고 단순한 외벽을 사용하며, 건물 자체에 상징물을 배치하는 대신 파사드의 상층부에 기하학적인 도형, 부조, 그림, 스투코 등을 장식했다(자료출처: m.blog.naver.com)

자료출처 : google.com/earth

<그림 99> 위성사진

자료출처 : www.durban.gov.za

<그림 100> 피어전경

(1) 개요

① 물리적 현황

남아프리카공화국 4320 움랑가에 위치하며 좌표는 29°43'35.1"S 31°05'19.3"E에 위치한다. 길이는 80m로 비교적 짧다. 피어는 상부와 하부 모두 콘크리트로 건설된 구조물이다. 상부에 고래뼈를 형상화한 구조물은 섬유보강 콘크리트로 제작되었다. 전체적으로 고래 뼈의 형상을 지닌 피어로 개발기간은 2007년 2월부터 2007년 12월까지 거의 10개월만에 완공되었고, 입장료는 무료로서 모두에게 개방

② 주요 시설 및 특징

고래 뼈를 상징화한 구조형태의 건축물로서 South African National Award를 수상하였다. 미학적 관점에서 독특한 경관미를 지니고 있지만, 공학적으로도 육지에서 바다로 유입되는 과도한 우수량을 분산시키는 지하 배수구의 역할을 한다.[218]

③ 역사

Umhlanga Rocks 산책길(Promenade)이 '21세기 피어(21st Century Pier)'건설로 중요한 개조공사를 하게 되었다. 이 프로젝트를 통하여 육지로부터 연안으로 유입되는 물의 속도를 완화시켜 자연상태의 해변을 유지하고자 함이요 움랑가 록스 해변의 Blue Flag[219]를 유지하는데 있었다. 직접적인 영향을 끼친 것은 2006년 움랑가 해안을

---

218) http://www.iol.co.za/dailynews/news/umhlanga-pier-is-worlds-most-beautiful-1728311

219) http://www.blueflag.global/Foundation for Environmental Education(FEE)가 수질, 안전, 환경교육, 안전, 서비스 제공, 환경관리에 대한 표준을 제시하고 그에 부합성을 평가. 비치(해변), 마리나 등을 대상으로 지속가능성의 관점에서 평가. Umhlanga rocks 해변은 2007년 Blue Flag의 지위였지만 2016년 현재는 아님. Blue Flag은 1년씩 지정됨

강타한 파도의 영향으로 해변에 지저분한 물웅덩이가 생겨났고 향후 재발방지와 해변보존을 목적으로 독특한 구조의 피어가 건설되었으며, 그 이후 도시의 새로운 매력물이 되어 도시가 해양관광목적지로 거듭나는데 기여하였다.

④ 주요이슈

2014년 8월 CNN선정 세계의 가장 아름다운 pier(Umhlanga Pier- World's Most Beautiful Piers[220])에 선정되었고, 2015년 8월 11일 기초적 보수와 페인트칠을 포함한 복구사업을 진행하였다. 트립어드바이저(tripadvisor.com)에서는 움랑가 록스의 8가지 매력물 중 이 피어를 첫 번째로 꼽았다.[221]

(2) 관광환경

① 가치

- 역사적 가치

CNN선정 세계의 가장 아름다운 pier 1위라는 것을 꼽을 수 있고, 문화적 가치로는 대중의 의견을 많이 반영했다는 점이다. 해안 산책로 개선에 디자인 요소의 건축 스타일이 매우 중요했는데 대중의 지지에 따라 Whale-bone 테마로 선정하였다. 또한 최신 트렌드에 맞게 부두에 불빛을 설치해 야경을 볼 수 있도록 디자인 되었다.[222]

---

220) umhlangauip(umhlanga urban improvement precinct),
http://edition.cnn.com/2014/07/28/travel/most-beautiful-piers/

221) newsflash edition 7-2014

222) http://www.skyscrapercity.com/showthread.php?t=441909

- 환경적 가치

해변의 'Blue Flag status'를 유지할 수 있게 해주는데 도움을 주었다. 피어가 들어서기 전에는 해변에 보기 흉한 고인 물이 많았는데 이것을 줄여줌으로써 FEE의 해변 표준에 부합할 수 있었다. 또한 공학적으로 the South African National Award for Outstanding Civil Engineering Achievement 상을 수상하였다.

② 주변 관광매력물

움랑가는 Durban 연안에 위치한 해양관광목적지로서 다양한 관광매력물을 보유하며, 호텔과 리조트에서부터 Gateway 쇼핑센터, Sibaya 카지노 등 엔터테인먼트, 레스토랑 등 식문화, 그리고 자연자원으로 육역의 자연탐사해안길223)을 비롯한 자연 및 인문 관광인프라를 제공한다. 서핑, 심해낚시, 고래와 돌고래 관광, 스쿠버다이빙, 카이트보딩을 선호하는 관광객들은 재방문이 이루어진다. 피어가 위치한 관광목적지 주변에는 파노라마 루트(The Panorama Route), 크루거국립공원(Kruger National Park)으로의 접근성이 양호하다. 더반(Durban)시에 소재하는 매력물로는 BAT센터, 더반비치프론트, 우샤카 마린월드(Ushaka Marine World), 더반식물원, 움랑가 록스(Umhlanga Rocks)등이 있다. 대표적인 해양관광매력물로는 등대가 있다.

- Umhlanga Lighthouse(움랑가 등대)는 1954 개장한 이후로 더반 연안의 랜드마크이며 사진작가들에게 인기있는 해양관광매력물이다. 등대는 21m 원형 콘크리트 타워로 1954년에서 건축되었고, 현재는 무인자동화로 운영된다.

---

223) Umhlanga O'Connor Promenade(움랑가 오 코너 산책로)는 3km의 포장된 도로이다. 경치를 즐기고 조깅을 하는데 좋으며 Breakers Resort에서 Umhlanga Lagoon Nature Reserve(움랑가 라군 자연보호구역)까지

자료출처 : northglennews.co.za   자료출처 : sixty40.co.za

<그림 101> 등대   <그림 102> Wave House

- Gateway Theatre of Shopping(Gateway, 게이트웨이)는 아프리카 에서 가장 큰 쇼핑센터중의 하나이다. 영화관, 레스토랑, 옷가게 등 다양한 가게들이 있고 아이들을 위한 엔터테인먼트 공간인 'Fantasy Forest', 인공서핑장인 Wave House가 있다.

3. 세계에서 가장 긴 목재피어 호주 Busselton Jetty[224]

인도양의 오세아니아 대륙 호주 서부연안에 위치한 Pleasure Pier.

(1) 개요

① 물리적 현황

제티는 호주 서부의 지오그래페만(Geographe Bay)에 위치하고 있 으며, 주소는 3L Queen ST. Busselton, Western Australia이며, 좌표

---

224) (양위주(2018). 해양관광. 한올.의 내용을 부분적으로 재편집하였음)

는 33.6369°S 115.3401°E이다. 제티의 총 길이는 1,841m이며, 높이는 피어 헤드의 수심이 대략 8m 정도 되며, 지구의 남반구에서 가장 긴 목재 피어로 되어있다.

자료출처 : expedia.com.au

<그림 103> Busselton Jetty

② 운영 주체 및 운영 방식

제티의 운영주체는 BJECA(The Busselton Jetty Environment and Conservation Association)이며 민간기구로서 버셀톤 지역주민들에 의해 형성된 비영리 조직이다. 최근 BJECA는 향후 5년간 Jetty 활동과 관련하여 미래전략계획을 발표하여 단체의 목적과 활동에 대하여 구체적 방향성을 제시하였다. 사이클론 Alby 이후 버셀톤 제티의 파괴와 훼손으로부터 보호, 유지 및 관리를 위한 기금모금을 목적으로 한다. BJECA 구성원은 버셀톤 제티의 가치를 알고 보호에 힘쓰는 사람이면 누구나 참여가능하다고 한다.

BJECA는 버셀톤시와 긴밀하게 협력하지만 독자적인 운영과 관리를 실행한다. 다만, 버셀톤시는 호주 주정부로부터 라이센스를 받아서 BJECA와 버셀톤피어에서 단위사업을 진행하는데, 연간 약 6억5천만원 정도의 관리기금모금에 기여한다. 소형기차, 수중전망대 등의 운영은 모두 BJECA에 의해서 진행되며, 시공무원 및 BJECA의 간부들로 이루어지는 Busselton Jetty Advisory Committee가 시와 시의회에 자문을 한다.

③ 주요 시설

제티는 2001년 4월에 개장되었으며, 전체 길이는 약 2㎞(1,841m)이며, 연안육역 50m에서 시작된다. 공식운영 시간은 오전 8시30분부터 오후 6시까지로 되어 있으나, 24시간 개방된다. 16세 이하 무료, 17세 이상 A$3의 입장료가 책정되어 있다. 편의시설로 매표소, 기념품가게가 있으며 상부에 주요 시설로 박물관(제티역사와 정보제공)이 있으며, 소형선박 계류장까지 갖춘 전형적인 교통수단의 기능도 제공하고 있다. 특히, 보트 모형의 관광해설센터(Interpretive Center)가 있으며, 방문한 관광객들의 편의제공을 위해 제티 트레인(Jetty Train)을 운영하고 있다. 제티 트레인은 재단장 공사를 마쳐 2011년 복원 되어 현재까지 운행 중인데 철로 위로는 소형기차가 관광해설센터에서 출발하여, 피어헤드에 있는 UWO(The Underwater Observatory: 수중전망탑)가 위치하는 지점까지 약 1.7km 45분 정도 운행시간을 가진다. 기차는 총 50개의 좌석과 유모차나 짐(cargo) 등을 실을 수 있는 화물칸 1량이 있다. 기차는 매 정시마다 운행되며 기상여건 악화시 운행을 중단한다. 기차 요금은 3세 이하는 무료, 14세 이하는 A$6, 15세 이상은 A$12, 가족요금은 2명의 성인과 2명의 아이를 기준으로 되어 있으며 요금에는 Jetty Day Pass와 출발지점으로 돌아오는 것까지 포함이 되어 있다.

기차종착지인 피어헤드에는 2003년 12월에 개장한 수중전망탑인 UWO(높이 13m, 폭 9.5m)이 있다. 해저 1층에는 작은 기념품상점이 운영되며 약 8m에 달하는 나선형 계단을 내려가면 11개의 창문을 통해서 300여종의 해양생태계를 관람할 수 있다. 열대어와 산호도 볼 수 있으며, 장애우를 위한 리프트도 운영된다. 1회 투어시 총 42명의 제한된 인원만 관람가능하며, 요금은 14세 이하 A$15, 15세 이상은 A$32, 가족요금은 기차와 동일하게 구성되어 있고, 요금에는 기차무료탑승과 Jetty Day Pass, 40분의 가이드 해설이 포함된다. 또한 UWO에는 해저에서 나는 소리를 청취할 수 있는 hydrophone이라 불리는 2개의 마이크로폰이 설치되어 있어, 인터넷을 이용하여 해저의 Snapping Shrimp가 내는 소리도 청취할 수 있을 뿐만아니라 2개의 웹캠으로 UWO에서 서로 다른 방향의 영상도 관찰할 수 있다.

④ 이슈

1978년 4월 4일 사이클론(태풍의 다른 이름) Alby는 호주의 서부와 남부해안으로 막대한 피해를 미쳤다. 제티도 심각한 훼손을 받았다. 이후 지역주민들이 주정부를 상대로 예산투입을 설득하여 보수비용을 책정되어졌다. 또한 민간부문에서 1987년 <The Jetty Preservation Society>를 조직하여 2001년까지 약 1,400만원 정도 기금을 모금하였다. 1999년 12월 화재로 인해서 제티의 65m 정도가 소실되었고, 약 9억원 상당의 피해를 입었다. 2001년 <The Busselton Challenge>라는 새로운 공동체를 설립되었고, 6개월만에 이전 기금모금 속도 보다 엄청나게 빠른 속도로 단기간에 약 2억원을 모금하였다. 2004년 사이클론에 의한 피해가 다시 발생하였지만 프로젝트는 계속 추진되었고 2011년 보수공사 프로젝트가 완료되었다.

영연방225)(Commonwealth of Nations, 英國聯邦) 축제의 일환으로 올림픽 성화 봉송과 유사한 여왕의 배턴 릴레이(The Queen's Baton Relay)226)이벤트가 있다. 2006년 2월 배턴이 버셀톤 제티를 지난 후 스쿠버 다이버가 배턴을 들고 UWO를 지나는 모습이 TV로 중계되어 전 세계에 해양관광목적지로 주목을 받았다.

해양스포츠이벤트로는 매년 12월에는 철인 3종경기를 개최하는데 처음에는 제티를 따라서 약 3.8km 수영을 한 후, 울창한 숲길을 따라 180km를 자전거로 질주한 후, 마지막에는 해안선을 따라 42.2km를 달리는 행사이다. 1996년에 시작된 이벤트는 이틀에 걸쳐서 7만원 정도의 참가비를 내면 참가조건 없이 참여가능하다. 매년 약 2000

---

225) 오스트레일리아·뉴질랜드·캐나다·몰타·말레이시아·싱가포르·방글라데시·인도·스리랑카·키프로스·나이지리아·가나·시에라리온·감비아·케냐·우간다·탄자니아·말라위·잠비아·보츠와나·스와질란드·레소토·세이셸·모리셔스·바하마·자메이카·도미니카·세인트루시아·세인트빈센트·그레나딘·바베이도·트리니다드토바고·가이아나·사모아·통가·키리바시·투발루·피지·나우루·솔로몬·파푸아뉴기니 등이며, 구성국은 영국 본국과 대등한 지위에 있는 주권국가이고, 그 집합체를 영국연방이라 한다. 구성국은 구(舊)영국제국의 식민지에서 독립한 나라이기 때문에 그밖의 다른 독립국가에서는 볼 수 없는 특수한 관계로 맺어져 있다. 일반적으로는 코먼웰스(Commonwealth)를 영국연방이라 부르지만, 구성국 중에는 오스트레일리아·뉴질랜드·캐나다와 같이 영국 본국과 국왕을 같이하는 군주제 국가도 있고 인도·가나와 같이 공화제 국가도 있어 엄밀한 의미에서는 연방이라는 표현이 정확하다고 볼 수 없다. 아일랜드공화국이 1948년에, 짐바브웨가 2003년에 탈퇴했다. 한편 남아프리카공화국은 1961년에 탈퇴했으나 1994년에 재가입했고, 파키스탄은 1972년에 탈퇴하고 2004년에 다시 가입했다. 2006년 기준으로 영국연방에는 53개국이 가입되어 있다(출처: 네이버지식검색).

226) 영국이 주관하는 The Commonwealth Game의 개막에 앞서 진행되는 세계적인 이벤트로써 릴레이(계주)를 통하여 여왕(엘리자베스)의 메시지를 전달하는 상징적 의미. 첫날 London의 Buckingham Palace에서 여왕이 첫 번째 주자에게 배턴을 위탁함으로써 시작한다.

명 이상의 경쟁자들이 동참한다. 또한 이와 별도로 1,841m의 제티를 한 바퀴 도는 수영 대회등도 개최된다.

문화이벤트로 2005년부터 버셀톤에서 개최된 호주서부 유일의 뮤직 페스티벌인 사우스바운드(Southbound)에서는 다양한 공연과 연극 등을 구경 할 수 있다.

⑤ 역사

Busselton/Vasse 지역은 전통적으로 농업이 주요 산업이며, 매년 농산물 재배와 수확을 통해 수출하는 산업구조를 바탕으로 한다. 1839년 주지사 Hutt은 지오그라프만(Geographe Bay)의 Vasse를 화물선적장으로 지정하면서, 버셀톤 지역에서 부두의 필요성이 제기하였다. 1851년 주정부에 부두유치 타당성에 대한 공식적인 요구서를 제출했으며, 이후 1853년 지역주민들의 지속적인 요구로 제티건설이 시작되었다.

일차적으로 1865년 선박정박이 가능한 구역에 약 176m 길이의 제티건설을 시작으로, 1875년에 131m의 추가공사가 진행되었고, 이후 90년의 기간에 걸쳐서 오늘날 약 1.8km까지까지 확장된 오늘날의 모습을 갖추게 되었다. 100년 이상 동안 피어의 목적과 기능을 충실히 수행한 제티는 한때 5,000척 이상의 선박출입이 가능한 부두로서 기능을 수행하였지만, 1973년 정부방침에 의해 공식적인 부두로서의 기능을 정지하였고, 오늘날 피어로써 기능만을 수행하고 있다.

정부예산의 축소와 1978년 Alby의 피해로 인해 제티의 복원 및 유지 보수를 위한 기금모금이 민간단체와 지역주민에 의해 주도적으로 추진되었다. 1987년과 2003년 사이 민간단체인 BJECA가 피어기능을 중심으로 마스터플랜을 수립하여 실행에 옮기고 있다. 기차도입을 통한 교통서비스기능 제공, UWO와 관광해설센터 건축을 위한 자금모금도 그 일환으로 이해된다. 2009년 재단장을 위한 재정비공사를 개시하여 2011년 2월 약 270억원을 들인 피어보수공사를 완료하였다.

(2) 관광환경

① 가치

- 역사적 가치

세상에서 가장 긴 목재형 피어로서 2014년 CNN이 '세상에서 가장 예쁜 피어'로 선정되었다. 호주 서부지역에서도 사진찍기에 가장 좋은 해변으로도 선정되어 우편엽서에도 자주 등장한다.

- 환경적 가치

제티는 UWO 건축을 통해 해저생태계 관찰을 가능하게 하므로 해양환경의 입체적인 이용을 가능케했다는 점에서 주목을 받고 있다.

- 문화적 가치

해양관광목적지로서 주목을 받고 있으며, 특히 주변 연안의 환경적 조건이 서핑, 스쿠버 다이빙 등의 다양한 해양레저활동에도 어울리는 해상여건을 제공하고 있어 앞으로도 해양관광목적지로서 가치 제고가 기대된다. 호주 서부지역 최대 도시인 퍼스(Perth)에서 자동차 거리로 1시간 30분에 위치하며, 프리미엄 와인을 생산하는 마가렛 리버(Margaret River)로 가는 길목에 위치하고 있어, 해양관광체험뿐만 아니라 다양한 관광체험의 연계도 가능하다는 측면에서 제티의 관광경쟁력은 매우 높다.

② 주변 관광매력물

제티가 위치한 버셀톤시는 인구 2만명의 소규모 도시이지만, 매년 약 40만명 이상의 관광객이 방문하는 해양관광목적지로 주목을 받고 있다. 뛰어난 해양경관과 야간경관을 감상할 수 있을 뿐만아니라 다양한 해양문화 이벤트가 개최되어 부가가치창출에 기여하고 있다.

도시내에는 다양한 역사적 문화유산들이 산재해있다. 1881년에 건축되어 2001년도 역사적 가치를 인정받아 국가사적지로 등록된 **Weld Hall,** 호주서부에서 가장 오래된 석조 교회인 St. Marys Church of England등이 관광매력물로 방문객의 관심을 받고 있다. 또한 버셀톤과 인접한 도시로는 번버리(Bunbury), 팸버튼(pemberton), 마가렛 리버 등이 위치하는데, 번버리 해안에서는 돌고래관찰이 가능하여 고래관광목적지로 유명하다. 팸버튼은 글로체스터 나무(Gloucester Tree)가 유명한데 61m 높이로 원래 숲을 감시하는 소방전망대였지만 지금은 새로운 관광체험을 제공해주는 관광매력물이 되고 있다.

4. 세계에서 가장 독특한 피어
   덴마크 코펜하겐 Kastrup Sea Bath

외레순 해협(øresund strait)227)에 위치한 Pleasure Pier.

---

227) 스웨덴어로는 '외레순'. 길이는 110km, 너비는 4.8~27km, 수심은 7~54m. 덴마크의 셸란섬과 스웨덴의 스코네반도 사이에 있는 해협. 남쪽의 발트해와 북서쪽의 카테가트 해협을 연결하며, 세계에서 가장 붐비는 항로 중 하나. 1429-1859년에 덴마크는 양쪽 해안을 장악하고, 이 해협을 지나는 모든 선박들로부터 해협세(海峽稅·통행료)를 징수하였다. 이 세금의 기록은 국제해운사·북유럽경제사의 중요한 사료(史料)가 되고 있으며, 바이킹 시대에는 북유럽 국가들 사이에 해전의 무대가 되었다. 해협의 서쪽 연안에 있는 코펜하겐과 헬싱괴르는 덴마크의 주요항구이고, 동쪽 연안에 있는 말뫼와 헬싱보리는 스웨덴의 주요항구(자료출처: 네이버 지식백과, 두산백과).

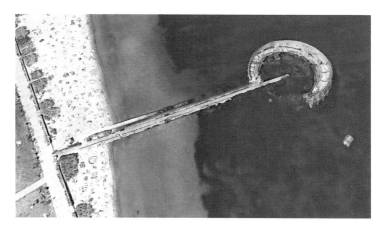

<그림 104> 위성지도

<그림 105> 내부사진

① 물리적 현황

카스트럽 바다 수영장(Kastrup Sea Bath) 피어는 덴마크 코펜하겐
의 아마게르섬(Amager)의 동쪽 연안에 위치해있으며 외레순 해협
(Øresund Sound)에 맞닿아 있다. 주소는 Amager Strandvej 301, 2770
Kastrup, Denmark이며, 좌표는 55°38'44.3"N 12°38'59.0"E이다.

피어는 2005년 8월에 완공되었으며, 공사기간은 2004년 5월부터
시작되어 1년 4개월의 시간이 소요되었으며, 사업비는 940,000유로
(€).[228] 피어설계는 White Arkitekter AB회사의 덴마크 건축가 Fredrik
Pettersson가 맡았고, 시공사는 NIRAS Rådgivende ingeniører og Planlæggere
A/S회사이다.[229]

② 운영주체

피어는 최초 Tårnby 지방자치당국(Tårnby Municipality)의 의뢰를
통해 제안되었으며 현재 운영권과 소유권 모두 가지고 있다.[230] 이
용과 관련하여 평일/주말, 남녀노소 무관하게 무료로 모든 시설을
이용할 수 있다. 1년 내내 방문하는 이용객들을 맞이하지만, 수영이
가능한 시간은 정해져 있다.

6월에서 9월까지는 수온이 14.9℃에서 17.8℃로 대부분 수영을
하며, 그 밖의 달에는 수온이 2.4℃에서 12.5℃밖에 되지 않기 때문
에 경관감상을 위한 관광객들만이 방문한다.[231] 가장 북적이는 시간
은 토요일 오후이며, 방문객들은 평균 83분의 시간을 보낸다.[232]

---

228) http://www.landezine.com/index.php/2010/09/the-kastrup-sobad-project/
229) https://www.archdaily.com/2899/kastrup-sea-bath-white-arkitekter-ab
230) http://www.landezine.com/index.php/2010/09/the-kastrup-sobad-project/
231) https://www.seatemperature.org/europe/denmark/copenhagen-january.htm
232) https://www.google.com/search?source=hp&ei=0AClW9fHHoHc8wXXpragDA&q=kastrup+

<표 13> 수영 가능시간

월	평일	주말/공휴일
6월	15:00~18:00	11:00~18:00
7월	11:00~20:00	11:00~20:00
8월	13:00~20:00	11:00~20:00
9월(1~15일)	15:00~20:00	11:00~20:00

③ 주요시설 및 특징

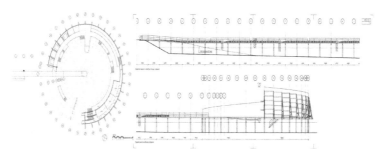

자료출처 : www.archdaily.com

<그림 106> Kastrup Sea Bath 평면도

카스트럽 바다 수영장은 플레저 피어(Pleasure Pier)로 모던 표현주
의(Modern-Expressionist) 스타일을 기반으로 조성되었다. 총길이는
99.97m이며 주 구조물인 수영장은 870㎡의 면적을 차지한다.[233] 피
어 헤드가 바다 수영장으로 5m 높이의 다이빙대, 샤워장 등 수영을
하는데 편의시설도 제공된다. 다이빙대 높이는 5m. 수영장은 오른쪽

---

sea+bath&oq=kastrup+sea+bath&gs_l=psy-ab.3..0j0i30k1l9.941.3123.0.3231.16.10.0.0.0.0.345.11
75.0j2j2j1.5.0....0...1.1.64.psy-ab..11.5.1168...0i131k1.0.g0sxJetFUa4

233) http://thebeachpost.blogspot.com/2013/02/skinny-dipping-in-wasaga-beach.html

방향으로 조금씩 높아지는 나선형 구조물 끝에 위치해있다. 정확한 수심은 알려지지 않았지만 대략 2m 정도로 추정되며, 덴마크 성인의 키에 맞추어진 수심이다. 피어 헤드에는 6개의 등받이가 있는 벤치와 일자형으로 이어진 벤치가 설치되어 있는데, 이용객들의 휴식과 해양 경관 감상활동을 위한 공간이다. 피어가 시작되는 해변에는 물품보관소, 탈의실, 화장실을 갖춘 90㎡ 면적의 관리실 건물이 별도로 있다.

피어에 설치된 조명은 에너지 효율이 높은 LED이다. 피어 헤드까지 이어진 바닥조명은 방향 지시등 역할을 하면서 야간방문객의 안전을 책임지고, 반원형 벽의 라인을 따라 설치된 업라이트(Uplight) 조명은 계단과 다이빙대 뒤에서 나오는 블루 라이트와 대조되면서 미적 아름다움을 극대화하는 야간경관조명으로 미관을 더하며, 지역의 야간 랜드마크 역할을 하고 있다.

- 소재, 형태

"The Snail"이라고도 불리는 남향의 피어헤드는 해풍을 막아주는 동시에 최상의 일조량을 받을 수 있는 구조로 만들어졌다. 피어의 모든 부분은 아프리카의 Azobé 목재로 구성되었는데, 부드러운 색감과 반대로 강철보다 단단하고 소금물에도 부식되지 않는 특징을 가지고 있다. 콘크리트나 철골 구조물보다 바다와 미적으로 잘 어울리고 지속가능성 면에서도 큰 장점을 가지고 있다. 피어를 지탱하는 파일(pile)은 150여개로 동일한 목재로 구성되어있다.

④ 역사

덴마크의 카스트럽 해변은 암반으로 가득 찬 해안 형태로 지리학적 관점에서 접근성이 취약했으며, 연안에 산업용도 건축물 등이 위치해 있어 일반대중의 접근성이 낮은 공간이었다. 코펜하겐시 북쪽 해변이 해양관광목적지로 방문율이 높은 것을 오랫동안 관찰한 후 지방정부가 도시개발과 연안활성화 차원에서 2003년 스웨덴의 디자인회사인 White Arkitekter에게 해변의 랜드마크 건설을 의뢰했으며, 설계안이 채택되어 현재 피어공사가 진행되었다. 또한 해변을 하얀 모래로 교체하는 모래사장 공사도 동시에 진행되었다. 한때 항구의 버려진 공간이 워터프론트 재개발로 인해 현재 피어는 관광객과 지역시민 모두 즐겨찾는 해양관광매력물로서 확실히 포지셔닝을 하고 있다.[234]

⑤ 주요 이슈

피어가 사람들에게 인기를 끄는 매력물이 되면서 2007년 9월 28일에는 공항과 외래순 기차역으로만 연결되었던 기존의 지하철 M2 라인이 연장되어 접근성 제고에 기여하였다. 카스트럽역에서 도보로 10분이면 피어에 접근할 수 있게 되었다. 이는 관광목적지를 방문하는 관광객들에게 편의성을 제고시켰을 뿐만 아니라 시민의 일상생활에도 편리함을 증대시켰다.

(1) 관광환경

① 가치

카스트럽 바다 수영장은 완공 1년차인 2006년에 Architectural Review Award(Emerging Architecture 부문)을 수상하였다. 이 상을 계기로 2007년에 The Mies van der Rohe Award 동메달을 받는데도 기여했다. 2009년에는 올림픽위원회로부터 Best Sport and Leisure

---

234) http://www.hannahinthehouse.com/kastrup-sea-bath/

Building로 지정되는 등 현재까지도 다양한 수상경력을 가진 문화적 가치가 높은 건축물이다.

- 환경적 가치

피어헤드, 수영장, 하부 기둥 등의 소재로 아프리카 Azobé 목재를 이용하였는데, 이는 목재가 지닌 부드러운 색감과 달리 강도 면에서는 강철보다 높으며, 소금물에도 부식되지 않는 염해에 강한 특징을 가지고 있다. 목재로 건축한 구조물로서 자연친화적 건물이라고 할 수 있다.

또한 피어는 외래순 해협에 면해 있는 지리적 특성으로 인해 수영장의 수질오염에 대비하여 Tarnby 지방자치당국이 정기적으로 수질검사를 시행함으로써 환경보호에도 앞장서고 있다.

- 역사적 가치

특별한 자연재해가 발생하지 않는 덴마크의 기후환경적 특성을 고려할 때, 가장 독특한 용도의 피어로서 수상한 다양한 경력과 더불어 덴마크를 상징하는 해양관광매력물로 그 가치는 지속될 것으로 생각된다.

② 주요 관광매력물

- Heaven and Harbor Festival

피어 인근에 위치한 카스트럽 마리나에서 펼쳐지는 축제이며, 2018년도 8월11-12일 처음 개최된 것으로 서커스, 아크로바틱, 광대놀이와 라이브음악이 함께하는 축제이다. 덴마크의 전문공연회사 'Glimt'가 주최를 하고 프로그램을 꾸며나간다. 모든 프로그램은 무료로 진행.

- Den Blå Planet(The Blue Planet)

20,000마리가 넘는 450여종의 해양생물들을 보유하고 있으며 현재
에도 개발 진행중이다. 덴마크 북쪽 호수와 바다/ 해안/ 열대우림 크
게 3부분으로 나뉘며, 부분별로 10개에서 20개의 섹션으로 전시된 덴
마크의 대표적인 아쿠아리엄으로서 경쟁력 높은 해양관광매력물이다.

5. 세상에서 가장 주목받는 피어 미국 뉴욕주 Manhattan Pier 55

대서양으로 흘러들어가는 뉴욕의 Hudson River에 위치한 Pleasure Pier.

자료출처 : google.com/earth

<그림 107> 위성사진

자료출처 : www.heatherwick.com

<그림 108> Pier55 조감도

(1) 개요

21세기 레오나르도 다빈치라 불리는 천재 디자이너 토머스 헤더
윅이 2013년도 발표한 새로운 프로젝트 Pier55[235]는 East River위에
547개의 기둥을 세워 피어의 상부를 고정시키는 방식으로 피어상부
에는 인공토양을 기반으로 도시공원을 조성하는 공공디자인 프로젝
트이다. 피어의 원형에 충실한 구조를 바탕으로 상부의 창의적인 설
계안은 21세기 가장 현대화된 뉴욕에서 또한 가장 기대가 되는 해
양관광매력물로서 주목받고 있다.

---

235) Pier55는 설계작품안임에도 불구하고 현존하는 세계의 많은 Pier들에 비하여 관심을 끌고 있는 이
유를 추정해보면 첫째, 세계적으로 유명한 건축가와 건축사무소의 작품 둘째, 과거에 없던 독특한
구조로 상부를 디자인(지반을 이루는 인공토양) 셋째, 다양한 관광매력물 넷째,공원 내 문화프로
그램 담당책임자로 할리우드 거물 프로듀서 발탁 등이다.

① 물리적 현황

피어는 뉴욕을 관통하는 허드슨강(Hudson river)에 위치하며, 주소는 55 East River Piers, New York, NY으로 되어 있으며, 좌표는 40° 41'48 "N 74° 01'42"W로 되어있다.

Pier55는 2013년 계획안이 공표된 이후 피어 상부의 인공토양을 담게될 화분모양의 구조물을 이용한 지반정착을 실현하기 위한 오랜 연구 끝에 2017년 가을, 실제 공사에 착수하였다. 공정계획상 완공일은 2019년으로 되어있지만, 투자자 등 재원확보 문제로 공기가 늦춰져 현재 2021년 봄 완공을 예상하고있다.

Pier55는 세계각국의 다른 피어와 달리 국가나 자치정부가 주도하지 않고 개인이 먼저 프로젝트를 추진한 사례에 해당된다. 세계적인 여행사이트 Expedia CEO Berry Diller와 그의 아내이자 패션 브랜드 'DVF' 설립자 Diane von Furstenberg가 바로 Pier55의 주요 기부자들이다. 이들은 Pier55 건설을 위해 약 1,300억원 상당의 액수를 기부한 것으로 알려져 있다. 이를 기반으로 하여 연방정부와 시에서 추가자금을 조달하는 것으로 재정계획을 설정하였다.

Pier55의 설계자이자 건축가인 토머스 헤더윅은 영국 출신으로, 2013년에는 영국 지휘관 훈장을 수여받으며 국제적으로 영향력이 큰 건축가로 자리 잡았다. 대표적인 작품으로는 구글 신사옥, 런던의 2층 버스 등이 있으며 창의성의 시대의 가장 조명을 받는 인물 중 하나이다. 그리고 그런 헤더윅이 이끄는 180명 규모의 인재들이 모인 건축 스튜디오가 바로 Pier55의 시공사이다.

② 운영주체

Pier55는 뉴욕시에 소속되어 있지만, 프로젝트를 추진한 Diller부부가 피어운영을 위해 설립한 비영리재단에 의해 관리될 예정이다. 이 재단에서 피어의 문화프로그램 기획을 Scott Rudin(영화 '노인을 위한 나라는 없다', '스티브 잡스'등의 제작한 할리우드 프로듀서)이 담당할 것이라고 해서 화제가 되었다.

또한 Pier55는 공원형태로 조성되어 특별한 휴장없이 1년 365일, 24시간 개방을 목표로 하며, 입장료는 무료이다. Pier55 관계자는 완공 후 공연시 티켓 금액의 51%는 무료이거나 30달러 미만으로 책정할 것이라고.[236] 그러나 '뉴욕시 1%를 위한 놀이터'가 될지도 모른다는 비판도 있어 공연가격은 향후 조정될 전망이다.

③ 주요시설 및 특징

Pier55는 허드슨강의 수상구조물로서 피어상부에 인공토양을 위한 지반을 조성한 후 완성되는 공원이다. 또한 그림과 같이 맨하튼의 육지와 연결되어 있는 경사진 2개의 연결교량을 역할을 하는 Pier의 길이는 57m이며, 공원의 면적은 약 11,000㎡에 해당된다.

독특한 특징은 공원을 형성하는 지반인데 마치 화분모양을 닮은 콘크리트 구조물(547개)들을 각기 다른 모양으로[237] 서로 연결하여 그 위에 있는 토양을 담아서 수목을 식재하는 구조물이다. 이 구조물은 각각 높이가 다른데, 이는 자연공원처럼 마운딩효과를 계단을 이용하여 공원에 높낮이 효과를 주기 위함이다. 이런 레벨차이로 인

---

236) https://www.hollywoodreporter.com/news
237) http://www.heatherwick.com/projects/infrastructure/pier55

해 관광객들은 Pier55에서 허드슨강과 뉴욕의 도시경관을 다양한 시점에서 감상이 가능하게 된다. 경관을 배려한 설계는 수많은 연구 끝에 완성된 결과로 평가받고 있다.

자료출처 : www.pier55.com

<그림 109> 피어 조감도

Pier55가 완성되면 도시공원으로서 피어는 동선을 따라 조성된 산책로로 인해 강변과 육지의 trail을 제공하게 되어 이용객들의 만족을 제고시킬 것이다. 피어는 문화융합의 장으로서 정체성을 확보하기 위해 공원내 100종이 넘는 수목이 식재되어 구불구불한 trail이 조성되고, 워터프론트라 불리는 700석 규모의 원형극장을 포함한 3개의 특별공연장이 건립될 예정이라 영화, 예술, 문화, 교육, 공연 프로그램 등 다양한 문화행사 개최로 인해 피어는 새로운 문화복합공간으로 시민과 관광객에게 사랑을 받을 것으로 예상된다.

④ 역사

<공공시설과 공공예술을 사랑하는 시민으로서 시민들에게 가치 있는 장소가 되었으면 좋겠습니다>. 이는 Pier55 프로젝트를 후원하고, 또 추진시킨 Berry Diller와 그의 아내 Diane von Fustenberg가 한 말이다. Diller는 유년시절 자가용을 타고 고속도로를 지나다닐 때 허드슨강 주변의 워터프론트가 기능이전으로 인해 방치된 채 있는 것을 보고 다음에 이곳을 새로운 공간으로 바꾸어보겠다는 생각을 해왔다고 한다. Pier55는 이렇게 시작되었고, 결국 뉴욕 워터프론트 개발 프로젝트로 발전되었다.[238] 이후 토마스 헤더윅의 창의성과 Diller부부의 후원이 융합되어 이 프로젝트가 공사에 착공할 수 있었고 2018년 현재 피어를 연결하는 교량건설이 완료되었다. Pier55 공식 홈페이지의 메인 화면에는 '2021년 봄 웨스트 13번가 근처 허드슨 강 공원에서 개장'이라 안내하고 있다.

⑤ 주요 이슈

원래 2019년 개장 예정이었던 Pier55가 3년이나 늦은 2021년 완공을 바라보게 된 것에는 많은 사건·사고가 있었기 때문이다. 2015년 처음으로 프로젝트가 중단되었다. 이유는 뉴욕시민단체인 City Club이 Pier55 프로젝트에 대해 건설지연과 공학적 기술극복의 어려움, 그로 인한 환경오염에 대한 문제를 제기하였기 때문이다. City Club의 일부 회원들은 Pier55의 허드슨강 수질을 비롯한 환경오염건으로 소송을 제기했고, 뉴욕 대법원은 지반을 위해 세운 수목과 콘크리트 2개 연결 교량들이 해양생물에게 악영향을 미칠 수 있다는 이유로

---

238) https://blog.naver.com/dsquare13/221317663666

프로젝트를 중지시키는 명령을 내렸다. 이후 Pier55측은 프로젝트가 시작되기 전 환경영향평가를 받았다는 허가서와 함께 항소했으며, 다시 공사가 재개되었다. 그러나 항소사건 이후 환경을 고려한 지속가능한 디자인을 도입하여 설계안을 약간 수정하므로 최초 3천5백만 달러로 예상되었던 비용은 2억5천만 달러로 급증하게 되었다.

예산상의 문제로 다시 한 번 중단의 위기를 겪은 Pier55는 2016년 9월 거의 폐기될 처지에 직면하게 되었다. 이러한 예기치 않게 발생한 난관에 봉착했지만 Diller부부는 다시 거액의 투자금을 기부했고, 프로젝트는 부활하는 듯 했다. 하지만 2017년 3월, City Club이 다시 Pier55에 대한 소송을 제기하면서 Pier55는 또 다른 법정분쟁에 휘말리게 되었다. 분쟁이 진행되던 중, 한 언론사는 시민단체인 City Club이 두 번이나 소송을 진행할 정도로 재력을 지닌 것에 의문을 가지게 되었다. 이를 계기로 2017년 5월 City Club의 후원자가 Douglas Durst 라는 것이 밝혀지는데, 이를 통해 Pier55에 대한 소송은 또 한 번 세계적인 관심을 받는다. Durst는 Pier55의 후원자 Berry Diller와 개인적인 이유로 사이가 좋지 않기로 유명한 인물이었기 때문이다. 이후 Durst 에 대해 좋지않는 여론이 형성된 가운데 2017년 6월 뉴욕 시장이 이 사건에 갑자기 개입하였고 Durst에게 전화를 걸어 City Club에 대한 재정적 지원을 중단할 것을 촉구하면서 이 과정에서 Durst는 소송에 익명의 자금제공을 시인하게 되었다. 이후 Pier55 프로젝트는 8개월이 지난 2017년 10월 뉴욕주지사, Diller, 시민단체 간의 협의끝에 다시 공사가 재개되었다. 그리고 현재 Pier55 프로젝트는 공사 중에 있다. 공사는 추운 날씨 탓에 강이 얼어붙는 겨울에는 일시적으로 중단될 예정이며, 2021년 봄 개장을 목표로 진행중이다.

(2) 관광환경

① 가치

- 환경적 가치

Pier55의 가장 큰 목표는 항만과 항만지원시설로 기능을 정지한 워터프론트를 재개발하여 뉴욕시민들에게 휴식공간을 제공하는 것이다. 프로젝트 진행 과정에서 소송과 상관없이 설계안부터 건축가들은 환경적 요소에 많이 집중했다. 뉴욕의 그린벨트가 될 수 있도록 많은 수목과 초화류를 가진 도심공원형 Pier를 구상한 것도 그 이유에서였다. 물론 Pier55는 넓은 면적 탓에 햇빛이 강 밑에 도달하지 못할 것이라는 지적을 받기도 하였다. 이는 곧 Pier 바로 밑에 있는 해양생태계에 큰 영향을 주게 되고, 강의 수환경을 변화시킬 수 있다는 뜻이다. 이후 Pier55는 햇빛이 통과할 수 있도록 건축구조 설계를 수정하여 논란을 잠재웠다. 그 외에 Pier55를 구성하는 재료로 이전 항구의 부속품들(사용하지 않는 고철 구조물)을 활용하는 것도 환경을 고려한 건축가들의 선택이었다.

- 역사적 가치

Pier55가 조성될 공간은 뉴욕의 해상 무역이 활발했을 때 지어진 피어 54 위치이다. Pier 54가 있던 항구는 건설 당시 아주 중요한 역할을 맡고 있었다. 물류운송을 담당하는 선박의 하역을 담당하는 정박기능과 더불어 여객선을 승선 하선하는 여객지원 기능도 수행을 하였던 곳이다. 심지어 타이타닉호의 생존자가 뉴욕에 도착하였을 때 피난한 장소기도 했다. 하지만 기존 항만의 역할과 기능은 점차 감소하였으며, 이로 인해 그 장소는 버려진 곳으로 남겨져 있었다. Pier55는 공간재생과 재개발 차원에서 시민의 레저 및 레크레이션

공간으로 뉴욕을 방문할 관광객에게 새로운 해양관광매력물을 제공하려는 목적으로 진행되는 프로젝트이다.

- 문화적 가치

Pier55는 뉴욕시민 및 관광객을 위한 도심형 복합문화공간이며 레저 및 레크레이션 공간이며 관광목적지에 해당된다. 원형극장을 포함한 3개의 무대에서 펼쳐질 문화공연, 다양한 교육 프로그램, 뉴욕시를 바라볼 수 있는 다양한 경관 및 야간경관, Pier55가 문화융합의 장소로 주목하는 이유가 된다.

② 주변 관광매력물

뉴욕 중심지에 위치한 Pier55는 주변에 다양한 관광매력물이 많다. 특히 미술관과 박물관 등 문화콘텐츠가 피어에서 도보 30분 이내의 거리에 6개나 위치해있으며, 영화관, 공연장, 동물원, 스포츠컴플렉스도 주변에 있다.

마침말 : 피어의 미래

해양문화의 트렌드에 가장 민감한 관광매력물.

최근 해양관광 분야에서 관광시장의 역동성과 관광객의 다양성을 관광목적지의 장소성과 결합하여 그 지역의 독특한 문화융합의 결정체로 주목받는 해양관광매력물.

피어.

피어를 보면 해양과 그 지역주민의 삶의 흔적과 국가의 역사를 볼 수 있다. 피어를 해양문화의 융합점으로 주목하는 이유이다.

피어는 해양관광매력물로서 관광목적지를 구성하는 핵심시설로서 뿐만아니라 그 자체가 해양관광목적지가 된다.

피어는 과학기술과 해양공학기술, ICT기술이 설계가의 창의성과 결합되어 새로운 형태의 디자인과 기능을 반영한 인간의 새로운 창작물로 계속 발전을 거듭하게 될 것이다.

이는 해양문화의 융합적 트렌드가 지닌 역동적인 변화와 다양성의 추구를 함위하는 해양문화의 접점인 피어에 주목한 이유가 된다.

피어에 관한 케이스스터디를 통하여 지역에 고유한 해양문화 현상과 다양한 해양관광시장 트렌드를 분석한 결과를 반영하였다. 피어는 다가올 미래에도 창의적인 사고, 뛰어난 조형성과 독특한 미학성을 지니며 다양한 문화현상을 수용한 해양관광매력물로서 지속적인 발전을 거듭할 것이다.

양위주

부경대학교 경영대학 관광경영학과 교수
글로벌 해양관광연구소 소장
해양수산부 정책자문위원회 해양분과위원
부산광역시 해양레저관광진흥위원
Texas A&M University, Ph.D.
서울대학교, MLA, BA

피어,
해양관광이
해양문화와
융합된 매력물

초판인쇄 2019년 2월 25일
초판발행 2019년 2월 25일

지은이 양위주
펴낸이 채종준
펴낸곳 한국학술정보㈜
주소 경기도 파주시 회동길 230(문발동)
전화 031) 908-3181(대표)
팩스 031) 908-3189
홈페이지 http://ebook.kstudy.com
전자우편 출판사업부 publish@kstudy.com
등록 제일산-115호(2000. 6. 19)

ISBN 978-89-268-8745-5 93330